THÉATRE DE L'OPÉRA-COMIQUE.

LA FÉE AUX ROSES

OPÉRA-COMIQUE, FÉERIE EN TROIS ACTES

Paroles de MM. SCRIBE et DE SAINT-GEORGES

MUSIQUE DE M. F. HALÉVY

Représenté pour la première fois, à Paris, sur le théâtre de l'OPÉRA-COMIQUE, le 1er Octobre 1849.

PRIX : 1 FRANC.

PARIS
BECK, LIBRAIRE,
RUE GÎT-LE-COEUR, 12.
TRESSE, successeur de J.-N. BARBA, Palais-National.

1849

LA FÉE AUX ROSES

OPÉRA-COMIQUE, FÉERIE EN TROIS ACTES

Paroles de MM. SCRIBE et de SAINT-GEORGES

MUSIQUE DE M. F. HALÉVY

Représenté pour la première fois, à Paris, sur le théâtre de l'OPÉRA-COMIQUE, le 1er Octobre 1849.

PERSONNAGES.	ACTEURS.
ATALMUC, magicien..	M. BATTAILLE.
NÉRILHA, son esclave..	Mme UGALDE.
XAILOUN, maraîcher...	M. JOURDAN.
CADIGE, voisine et amie de Nérilha........................	Mlles MEYER.
GULNARE, idem...	LEMERCIER.
LE PRINCE BADEL-BOUDOUR, sultan des Indes...........	MM. AUDRAN.
ABOULFARIS, son premier visir.............................	SAINTE-FOY.
Dames et Seigneurs de la cour, Peuple, Soldats, Bayadères, Esclaves noirs.	

La scène se passe dans la province et près de la ville de Candahar, dans le royaume de Caboul.

ACTE PREMIER.

Le théâtre représente le laboratoire d'Atalmuc le magicien; à gauche du spectateur, des fourneaux, un alambic, des fioles de toutes sortes; à droite, une table sur laquelle est un grimoire; au fond, un grand buffet, des chaises, plusieurs ustensiles de ménage, comme balais, vases, etc.

SCÈNE PREMIÈRE.

ATALMUC, *seul, à droite du théâtre, lisant tour-à-tour son grimoire, et surveillant une préparation magique qu'il compose.*

AIR.

Art divin qui faisait ma gloire,
En vain j'implore ton secours !
O ma baguette, ô mon grimoire,
Soyez maudits, et pour toujours !

Oui, je saurai trouver ces philtres,
Et ces breuvages tout puissants
Par lesquels, amour, tu t'infiltres,
Et te glisses dans tous nos sens !

Art divin qui faisait ma gloire
En vain j'implore ton secours !
O ma baguette, ô mon grimoire,
Soyez maudits, et pour toujours !

Allons, allons, obéissez !
Démons, vous qui me connaissez !
Métaux subtils, accourez tous !
Venins, serpents, unissez-vous !

Mon cœur est plein d'espoir, et mon âme s'élance
Vers le bonheur, qu'ici-bas je rêvais !

(*Regardant du côté de son fourneau.*)
Philtre amoureux ! Ta magique puissance
Va, d'être aimé, me livrer les secrets !
(*Le vase contenant la préparation magique éclate et se brise.*)

Tout est perdu !
Brama ! Tu l'as voulu !
Eh bien, eh bien, inutiles secrets,
A vous ici, je renonce à jamais !
Esprits trompeurs, ô puissance fatale,
Allez, allez dans la nuit infernale !..
O funestes secrets !
A vous tous, sans regrets,
Je renonce à jamais !

(*Dans sa colère il brise les vases qui étaient placés sur le fourneau. Au bruit arrive Nérilha effrayée.*)

SCÈNE II.

NÉRILHA, ATALMUC.

NÉRILHA.
Eh bien, eh bien, mon doux maître, qu'est-ce que je viens d'entendre ?

ATALMUC, *brusquement.*
De quoi te mêles-tu ? Que viens-tu faire ici ?

NÉRILHA.

Savoir qui s'amuse à briser votre vaisselle ; dès que c'est vous, rien de mieux ! Vous êtes le maître, et si vous voulez que je vous aide...

ATALMUC, *avec impatience.*

Tais-toi !

NÉRILHA.

Mais si c'eût été moi, Nérilha, la pauvre esclave...

ATALMUC.

Laisse-moi ! Va-t-en !

NÉRILHA.

C'est dit ! On s'en va !

ATALMUC.

Où vas-tu ?

NÉRILHA.

Faire votre souper... ces tartelettes à la moelle de paon... que vous m'avez commandées... et que vous aimez tant... (*A part.*) Ah !.. Cela a l'air de le radoucir... c'est étonnant comme il est gourmand, pour un sorcier !

ATALMUC.

Écoute ici !

NÉRILHA.

Me voici, maître !.. Mais votre souper...

ATALMUC.

N'importe !

NÉRILHA.

Il est sur le feu... et va brûler...

ATALMUC, *étendant la main.*

J'ordonne qu'il se conserve... juste à point... jusqu'à ce soir...

NÉRILHA.

C'est admirable !.. Dieu que c'est beau d'être savant à ce point-là !.. Et on dit que vous n'avez étudié pour cela, que deux ou trois cents ans... ce n'est vraiment pas trop !

ATALMUC, *avec impatience.*

Je t'ordonne de m'écouter... (*Nérilha baisse la tête et se tait.*)

ATALMUC.

Tu n'étais qu'une pauvre enfant... une esclave mise en vente sur la grande place de Candahar, et comme j'allais au marché ce jour-là... je t'ai achetée pour trois sequins !..

NÉRILHA.

Ça n'est pas cher !

ATALMUC.

Trop, mille fois !.. Si j'avais pu prévoir ce que tu me coûterais, un jour, de chagrins, d'inquiétudes... de tourments... je n'y ai pas pensé...

NÉRILHA.

Vous ?.. Un sorcier !

ATALMUC.

On ne pense pas à tout... il y a six ans de cela... tu es devenue gracieuse, charmante, enfin... et pour mon malheur, je me suis mis à t'aimer !..

NÉRILHA.

Oui, vous m'avez souvent dit ce mot-là, que je n'ai jamais pu comprendre ! Vous êtes toujours avec moi, bourru, fâché et de mauvaise humeur !

ATALMUC.

C'est de l'amour !

NÉRILHA.

Vous me tenez toujours renfermée et ne me laissez voir... que vous...

ATALMUC.

C'est de l'amour... cet amour qui fait mon tourment !

NÉRILHA.

Cela vous tourmente...

ATALMUC.

Oui, sans doute.

NÉRILHA.

Et moi, donc !

ATALMUC, *avec colère et la menaçant.*

Ah ! Traîtresse !

NÉRILHA.

N'allez-vous pas me battre, maintenant ?

ATALMUC.

C'est plus fort que moi, te dis-je... et quand on a de l'amour...

NÉRILHA.

Ah ! Si vous pouviez ne plus en avoir ! Tâchez donc ! Ce serait si agréable pour nous deux !

ATALMUC.

Impossible !

NÉRILHA.

Vous ?.. Un magicien !

ATALMUC.

Mais tu ne sais donc pas... tu ne comprends donc pas ce que c'est ?...

NÉRILHA.

Pas le moins du monde...

ATALMUC.

Ah ! C'est que tu n'aimes rien...

NÉRILHA.

Si, vraiment !.. J'aime les belles roses qui sont là, dans ce vase, et auxquelles il m'est défendu de toucher !.. Quant à les admirer dans les jardins, où l'on dit qu'elles habitent... il n'y a pas même à y songer... et c'est bien singulier, j'y pense sans cesse... sans pouvoir m'en empêcher ! C'est mon amour à moi !

ATALMUC.

Comme tu es le mien !

NÉRILHA.

Parce que je n'en vois jamais !

ATALMUC.

Parce que je te vois tous les jours !

NÉRILHA.

Alors, c'est tout le contraire !

ATALMUC.

Et cependant c'est la même chose !.. Et tu n'aimes rien... rien autre ?..

NÉRILHA.

Mon Dieu si... Vous savez bien mes deux jeunes voisines, Cadige, la petite marchande d'ananas, et Gulnare, la belle lavandière ?...

ACTE I. SCÈNE III.

ATALMUC.

Eh bien ?...

NÉRILHA.

Eh bien... j'aime quand elles sont là, et que vous n'y êtes pas...

ATALMUC.

Oui dà !..

NÉRILHA.

Gulnare me donne des conseils, et Cadige me donne des fleurs, qu'elle a cueillies en cachette, et qui me rendent toute joyeuse... et puis, à mesure qu'elles se fanent, ma joie et mon bonheur s'en vont !.. Pauvres fleurs!.. Afin que vous ne les voyez pas... je les cache là... (*Montrant son corset.*)

ATALMUC.

En vérité !

NÉRILHA.

Et comme moi, en prison, elles ne durent pas longtemps !

ATALMUC.

Ah ! Si tu voulais !.. Tu serais riche et heureuse... tu aurais de l'air... de la liberté, de beaux jardins émaillés de roses.

NÉRILHA, *avec admiration.*

Ah ! Mon Dieu !.. Et pour cela que faudrait-il faire ?

ATALMUC.

M'aimer !

NÉRILHA.

Ah ! Si je pouvais en venir à bout !.. Mon Dieu, mon Dieu, que je le voudrais !

ATALMUC.

A la bonne heure, au moins, voilà une bonne parole, et en feuilletant de nouveau ce grimoire... (*Se retournant avec humeur.*) Qui vient là ?

NÉRILHA.

Xaïloun, le pourvoyeur... qui vient apporter les fruits et les légumes...

ATALMUC.

A quoi bon ?

NÉRILHA.

Dame !.. Vous ne voulez pas que j'aille moi-même au marché.

ATALMUC.

C'est trop dangereux pour les jeunes filles... mais ce Xaïloun me déplaît !

NÉRILHA.

Lui ? Le plus beau garçon du pays !

ATALMUC.

C'est pour cela... Allons, hâtez-vous de faire votre provision, et surtout ne me dérangez pas !

SCÈNE III.

XAÏLOUN, *entrant et déposant les deux corbeilles de fruits qu'il porte avec un bambou sur son épaule*, NÉRILHA, ATALMUC.

TRIO.

(*Xaïloun, près de Nérilha, à gauche, Atalmuc, assis à droite et feuilletant son grimoire.*)

XAÏLOUN, *à voix haute.*

Voici, voici la belle fille,
Des dattes et de la vanille !
Des pêches, des cédrats exquis !
Voyez parmi mes plus beaux fruits !

ATALMUC, *parlé, avec impatience.*

Tais-toi ! Silence !

NÉRILHA.

Et ne savez-vous pas qu'il faut
Chez un sorcier, parler moins haut !

XAÏLOUN, *plus bas.*

Écoutez-moi, ma belle fille,
Vous si naïve et si gentille !
Cadige et Gulnare, en ces lieux,
En secret viendront toutes deux,
Vous prendre, ce soir, pour la fête !

NÉRILHA, *bas.*

Ah ! Quel plaisir !

XAÏLOUN, *de même.*

Tenez-vous prête !

NÉRILHA, *de même.*

Mais pour sortir...

XAÏLOUN, *de même.*

Un seul moyen !

NÉRILHA.

Lequel ?

ATALMUC, *qui est resté assis devant son grimoire, se lève en ce moment.*

Que dites-vous ?

XAÏLOUN.

Moi, rien!

XAÏLOUN ET NÉRILHA.

ENSEMBLE.

Je lui disais / Il me disait la jeune fille,
Voici, voici de la vanille !
Des pêches, des cédrats exquis,
Voyez, parmi mes plus beaux fruits,
Voyez, prenez... les plus exquis !

ATALMUC, *avec colère.*

Croyez-vous donc qu'on m'en impose ?...
Non... non... vous disiez autre chose...

XAÏLOUN.

Qui ? Moi ? Seigneur ! Moi des secrets !

ATALMUC.

A voix basse tu lui disais :

Ecoutez-moi, la belle fille,
Vous si naïve et si gentille,
Cadige et Gulnare, en ces lieux,
Viendront vous prendre toutes deux.

ENSEMBLE.

NÉRILHA.

J'en suis stupéfaite !
Quoi, de sa baguette,
La vertu secrète
Peut tout défier !
Ah ! Quel maléfice !
C'est un vrai supplice
Que d'être au service
D'un si grand sorcier !

ATALMUC.

Oui, je le répète,
Oui, de ma baguette,
La vertu secrète
Peut tout défier !
Que l'on m'obéisse,
Et plus d'artifice,
Sinon ma justice
Va vous foudroyer !

XAÏLOUN.

Son regard me guette !
Et de sa baguette,
La vertu secrète
Peut m'expédier !
Ah ! Quel maléfice!
C'est un vrai supplice,
(*Montrant Nérilha.*)
Que d'être au service
D'un si grand sorcier !

XAÏLOUN, *bas à Nérilha, pendant qu'Atalmuc retourne à son grimoire.*

Pour vous soustraire à ce tyran,
Avec nous, partez, croyez-m'en !

NÉRILHA, *étonnée.*

Eh quoi ! Partir !

XAÏLOUN.

Eh ! Oui vraiment !

NÉRILHA.

Quitter ces lieux ?..

XAÏLOUN.

Et ce tyran !

NÉRILHA.

Parlons plus bas !

XAÏLOUN.

Parlons plus bas !
Cette fois il n'entendra pas !

ATALMUC, *s'approchant d'eux avec colère.*

Ah ! Vous croyez !..

XAÏLOUN, *effrayé.*

Je suis perdu !

NÉRILHA, *de même.*

Il a tout entendu !

ATALMUC.

Oui, j'ai tout entendu

ENSEMBLE.

NÉRILHA.

J'en suis stupéfaite !
Quoi ! De sa baguette,
La vertu secrète
Peut tout défier !
Ah ! Quel maléfice !
C'est un vrai supplice,
Que d'être au service
D'un si grand sorcier !

ATALMUC.

Oui, je le répète,
Oui, de ma baguette,
La vertu secrète
Peut tout défier !
Que l'on m'obéisse !
Et plus d'artifice!
Sinon ma justice
Va vous foudroyer !

XAÏLOUN.

Son regard me guette !
Et de sa baguette,
La vertu secrète
Peut m'escofier !
Ah ! Quel maléfice !
C'est un vrai supplice !
(*Montrant Nérilha.*)
Que d'être au service
D'un si grand sorcier !

NÉRILHA.

Ah ! Qu'il a l'air méchant !
Par son art tout puissant,
Il nous voit, nous entend,
De lui, mon sort dépend !
(*A Xaïloun.*)
N'ajoutez pas un mot,
Et partez au plus tôt,
Ou vous allez, dans peu,
Rôtir à petit feu !

ATALMUC.

Sors de ces lieux, va t'en !
D'ici, pars à l'istant !
De moi, ton sort dépend,
Je te change en serpent !
(*Lui montrant la cheminée.*)
Ou, si tu dis un mot,
Remplaçant ce fagot,
Tu vas, j'en fais le vœu,
Rôtir à petit feu !

XAÏLOUN.

Ah ! Qu'il a l'air méchant !
D'effroi j'en suis tremblant !
De lui, mon sort dépend...
Me changer en serpent !
(*Gagnant la porte.*)
Je ne dis plus un mot,
Et je pars au plus tôt...

Je ne veux pas, mon Dieu !
Rôtir à petit feu !
(*Xaïloun s'enfuit effrayé.*)

SCÈNE IV.

NÉRILHA, ATALMUC.

NÉRILHA, *regardant Xaïloun qui s'enfuit.*
Comme il s'enfuit à toutes jambes !.. Et vous, seigneur Atalmuc, comme vous voilà rouge de colère... et pourquoi, je vous le demande ?...

ATALMUC.
Pourquoi ?.. Quand ce Xaïloun, ce traître de pourvoyeur, vient ici pour te faire la cour !

NÉRILHA, *avec étonnement.*
Ah ! Ça s'appelle... faire la cour ?

ATALMUC, *avec colère.*
Certainement !...

NÉRILHA.
Eh bien !.. C'était gentil, et ça m'amusait.

ATALMUC.
Ah ! Cela t'amusait... un séducteur, déjà aimé par une de tes amies, la petite Cadige, la marchande d'ananas !

NÉRILHA.
En vérité !

ATALMUC.
Elle en est folle... elle en est jalouse...

NÉRILHA.
Elle ne m'en a jamais rien dit.

ATALMUC.
Et moi je le sais... je viens de le lire... là... dans ce livre magique, qui m'apprend tout... et s'il t'arrivait seulement de penser à Xaïloun...

NÉRILHA.
Comme si on pouvait empêcher ça...

ATALMUC, *avec jalousie.*
Tu l'aimes donc ?.. Tu l'aimes ?..

NÉRILHA, *haussant les épaules.*
Est-ce que cela me regarde... Voyez plutôt, voyez vous-même, puisque vous pouvez tout voir, (*Montrant son cœur.*) Tout lire, là...

ATALMUC, *la regardant attentivement.*
C'est vrai... c'est vrai... (*Avec douleur.*) Elle n'aime personne... personne !.. Pas même moi !..

NÉRILHA, *vivement.*
Ça, je vous en réponds ! (*Montrant son cœur.*) Et c'est plus certain, là, que dans votre grimoire.

ATALMUC, *de même.*
Tais-toi ! Tais-toi !.. Ne me le dis pas... essaie au moins de m'abuser...

NÉRILHA.
A quoi bon ? Puisqu'il n'y a pas moyen.

ATALMUC.
Elle a raison ! (*Avec douleur.*) Ne pouvoir même pas être trompé !

NÉRILHA, *le regardant avec compassion.*
Pauvre homme ! (*Allant à lui d'un air de bonté.*)

Consolez-vous, maître, peut-être que cela viendra.

ATALMUC.
Pour cela, il faudrait ne pas savoir... tout ce que j'ai appris... tant de secrets... tant de sciences...

NÉRILHA.
Oubliez-les !.. Et vous vous trouverez aussi avancé que moi... qui ne sais rien.

ATALMUC.
Ah ! Si je t'en croyais !.. (*Une divinité indienne frappe sur son ventre, et un bruit de tam-tam retentit.*) C'est aujourd'hui le premier jour de la lune... ce signal m'avertit qu'on m'attend à une assemblée de sorciers, où je ne peux pas manquer... Ne sors pas d'ici avant mon retour... et comme ce n'est qu'à douze cents lieues... je serai revenu dans une heure... pour souper... Que tout soit prêt... tu m'entends... Adieu ! (*Il disparaît vivement par le fond, à droite.*)

SCÈNE V.

NÉRILHA, *seule.*

Bon voyage !.. Mais s'il croit qu'en son absence je vais rester ici... ah bien, oui !.. Il ne se rappelle plus qu'il a ordonné lui-même au souper de se maintenir cuit à point .. Xaïloun m'a dit que mes deux voisines, Cadige et Gulnare, allaient ce soir à une fête... et qu'elles comptaient sur moi... Allons les retrouver... quand je ne resterais avec elles qu'une heure... une heure de plaisir et de liberté... c'est si doux !... Mais ma toilette, rien que ma robe de tous les jours... tandis que ces demoiselles vont avoir des étoffes élégantes, des parures pour les aider à être belles... bah ! Je le serai toute seule ! N'y pensons plus ! (*Apercevant une rose dans un vase.*) Ah ! Cette fleur... le maître n'est pas là..... il ne me voit pas..... (*Elle prend la rose.*) Là, dans mes cheveux... non, ici plutôt !.. Je la verrai... (*Elle la place en bouquet à son corset.*) Cela vous donne tout de suite un air de fête, et il me semble que je suis superbe !.. Courons, maintenant !.. (*Elle s'élance vers le fond du théâtre et s'arrête.*) O ciel !.. Il y a comme un réseau invisible qui retient mes pas et m'empêche d'aller plus loin... Ah ! Le malin magicien... ah ! le mauvais maître... me retenir à la maison, même en son absence ! (*Avec un soupir.*) Allons, me voilà revenue de la danse ! J'en serai pour mes frais de toilette... (*Regardant la rose, qu'elle détache de sa ceinture.*) et pour me tenir compagnie, il ne me reste plus que toi... ma gentille rose !..

AIR.

PREMIER COUPLET.

Près de toi, je crois revivre !
Sur tes feuilles tombent mes pleurs !

Oui, ta douce odeur m'enivre,
Et je souris à tes couleurs !
Dans la prison où je m'ennuie,
Où rien ne vient charmer ma vie,
Mes seules compagnes, mes sœurs,
Ce sont les fleurs !
Doux parfums de la vie,
Les fleurs !.. Les fleurs !
Rien que les fleurs !

DEUXIÈME COUPLET.

La beauté que l'on adore,
Comme la rose, brille un jour !
Un seul jour, dit-on, voit éclore,
Et bien souvent, mourir l'amour !
Puisque tout s'effeuille en la vie,
Puisque tout se fane et s'oublie,
Autant vaut n'aimer que les fleurs,
Et leurs fraîches couleurs !
Les fleurs ! Les fleurs !
Doux parfums de la vie,
Rien que les fleurs !

~~~~~~~~~~~~~~~~~~~~~~~~~~~~~~~~~~~~~~

SCÈNE VI.

NÉRILHA, CADIGE ET GULNARE, *entrant par le fond*.

NÉRILHA, *étonnée, et à part*.

Cadige !.. Gulnare !.. Elles sont entrées... et moi, je ne peux pas sortir !..

GULNARE, *à Nérilha*.

Eh bien ! Nous voilà.

CADIGE, *de même*.

Nous venons te chercher... Est-ce que Xaïloun ne t'a pas prévenue de notre part ?

NÉRILHA, *avec embarras*.

Si, vraiment... (*A part*.) Mais leur avouer que je suis retenue ici prisonnière... quelle humiliation !

CADIGE.

Ce sera si amusant !

GULNARE, *avec protection*.

C'est pour cela que nous avons pensé à toi... parce que, ma pauvre Nérilha, quoique tu ne sois qu'une esclave, nous ne sommes pas fières, nous autres !..

NÉRILHA.

Je vous remercie bien... mais je ne peux pas... ne connaissant pas les personnes...

GULNARE.

Dès que tu es avec nous, cela suffit !

CADIGE.

C'est un grand seigneur, qui nous donne chez lui, ce soir, une collation... des sorbets et de la musique, dans un pavillon environné de roses...

NÉRILHA, *avec joie*.

Des roses !..

CADIGE.

Tout une prairie !

NÉRILHA.

Ah ! Que vous êtes heureuses !.. Et comment connaissez-vous ce seigneur-là ?..

CADIGE.

Ce n'est pas moi, c'est Gulnare.

GULNARE, *d'un air de suffisance*.

Oui, ma chère... un seigneur étranger, qui voyageait incognito... et qui ne voyage plus depuis qu'il m'a vue... Il vient pour moi depuis huit jours, tous les matins, à la fontaine des Palmiers !

CADIGE.

Où elle travaille comme lavandière.

GULNARE, *vivement*.

Ce à quoi il ne voulait pas croire... il me prenait pour une houri déguisée... il me l'a dit... et avant son départ... il veut m'épouser... il me l'a promis... Tu vois donc que tu peux venir avec nous à ce pavillon... j'y suis comme chez moi !

NÉRILHA.

Impossible ! Je suis retenue ici prisonnière !

CADIGE.

Toutes les portes sont ouvertes.

NÉRILHA.

C'est égal ! Le seigneur Atalmuc, mon maître, qui est sorcier de son état, a trouvé un moyen de me retenir en plein air... un filet invisible, qui arrête mes pas et m'empêche d'aller plus loin !

GULNARE.

Voilà une indignité !

CADIGE.

Voilà un abus !

GULNARE, *avec exaltation*.

Dieu ! Si l'on m'enfermait !

NÉRILHA.

Et tout cela, sous prétexte qu'il m'aime !

GULNARE.

Il t'aime !.. Ah bien ! Alors, à ta place, moi, je lui apprendrais...

NÉRILHA.

Lui en apprendre, à lui ! Et comment cela ?

CADIGE.

En prenant un amoureux.

NÉRILHA, *naïvement*.

Un amoureux !

GULNARE.

Pour le moins !

CADIGE.

Tout le monde en a, excepté toi.

GULNARE, *à Nérilha*.

Et s'il ne faut que t'en prêter...

NÉRILHA.

Je ne demande pas mieux... car, sans cela, où voulez-vous que j'en trouve ?.. Je ne vois jamais personne... Ah ! Si, Xaïloun !..

CADIGE, *vivement*.

Un instant... il m'appartient... je l'ai retenu. et quoiqu'il soit bien un peu volage, mon rêve, moi, c'est que je l'aimerai tant, qu'il finira par m'aimer... et puis, quand on y est, il n'en coûte rien de former des souhaits... et j'imagine quelquefois qu'un prince, ou une princesse, me prendra en affection, me donnera pour Xaïloun la place d'intendant général des jardins, et que je la lui offrirai en dot !..

GULNARE, *d'un air dédaigneux.*
Que cela ?

CADIGE.
Avec ma main.

GULNARE, *de même.*
Ah ! C'est trop peu de chose !.. Mes souhaits, à moi, sont plus élevés... je me persuade parfois, que je suis une princesse inconnue, dont la naissance cachée finit par se découvrir...

CADIGE.
Très bien !

GULNARE.
J'épouse le sultan des Indes, qui me fait partager son empire. J'entre avec lui dans ma capitale, au son des trompettes, des cris de joie et d'amour ; dans un palanquin cramoisi, brodé en perles... une couronne d'or sur la tête... des babouches en diamants, et deux petits nègres ornés d'éventails, pour me chasser les mouches...Voilà, mes amies, comme je compte entrer dans mon palais !..

CADIGE.
Cela se trouve à merveille !.. Tu m'y donneras une place à moi, et à Xaïloun...

GULNARE.
Voilà déjà les solliciteurs et les courtisans !

CADIGE.
Oh ! Tu me la donneras, n'est-ce pas ?..

GULNARE.
Sois donc tranquille... je ne suis pas fière... je ne t'oublierai pas !

NÉRILHA.
Eh bien ! Moi, mes amies... je forme des souhaits plus doux encore... je rêve souvent que je suis transportée dans un séjour ravissant... où de toutes parts, les yeux charmés n'aperçoivent que des roses... des roses toujours fraîches... qui ne se fanent jamais !

GULNARE ET CADIGE.
Et puis ?

NÉRILHA.
Un royaume de roses, dont je suis la reine !

GULNARE ET CADIGE.
Et puis ?..

NÉRILHA.
Et puis... voilà tout !

GULNARE.
Obligée d'admirer tes fleurs ?..

CADIGE.
Toute seule ?..

NÉRILHA.
Pourquoi pas ?..

CADIGE.
De les cueillir ?..

GULNARE.
Toute seule ?..

CADIGE.
J'aime mieux mon rêve !

GULNARE.
Moi, le mien... il ne lui manque rien !

NÉRILHA.
Que la réalité !

CADIGE, *soupirant.*
C'est vrai ! Et dire que nous sommes ici, dans la maison d'un magicien... qu'il ne faudrait peut-être pour accomplir nos souhaits, qu'un mot, un coup de baguette !

GULNARE.
Et ce magicien est absent !..

NÉRILHA.
Et voici son grimoire !

CADIGE, *s'approchant de la table.*
Et voici sa baguette !

GULNARE ET NÉRILHA.
O ciel !

TRIO.

ENSEMBLE.

Désir de fille,
Feu qui pétille,
Esprit malin et curieux,
Désir ardent, impérieux,
Hasard, magie,
Sorcellerie,
Venez et secondez nos vœux !

GULNARE, *à Nérilha, lui donnant le livre.*
C'est devant toi qu'il exerce et pratique,
Regarde !

NÉRILHA.
A peine, hélas ! je m'y connais !

GULNARE.
Et pourtant ce livre magique
Doit renfermer tous ses secrets !

NÉRILHA, *parcourant plusieurs feuillets.*
Ah ! J'ai cru lire...

GULNARE ET CADIGE.
Eh bien ? Eh bien ?

NÉRILHA, *donnant le livre à Gulnare.*
Non, vraiment, je n'y comprends rien !

ENSEMBLE.

Désir de fille,
Feu qui pétille,
Instinct malin et curieux,
Hasard, magie,
Sorcellerie,
Venez et secondez nos vœux !

NÉRILHA, *qui a repris le livre.*
Attendez donc !

(*Lisant.*) « D'après Ménasses l'hébraïque,
« Magicien très-estimé,
« Formule cabalistique

LA FÉE AUX ROSES,

« Qui fait mouvoir tout être animé,
« Et lui donne la vie !... »

CADIGE.

O Ciel! C'est diabolique !..
Il faut en faire ici l'essai.

NÉRILHA.

Eh! Qui donc animer?

GULNARE, *gaîment.*

Qui?

(*Montrant un balai qui est dans un coin.*)
Ce manche à balai!

CADIGE, *riant.*

Oui, faisons-le danser.
(*à Gulnare.*) Voyons, lis ta recette!

NÉRILHA, *lisant dans le livre.*

« Prendre en ses deux doigts la baguette!

CADIGE.

La voici, je la tiens!

NÉRILHA, *lisant.*

« Et puis vers l'Orient

« L'élever!

CADIGE, *agitant la baguette.*

Bien! C'est fait!

NÉRILHA, *lisant toujours.*

« En répétant
« Deux fois ces mots : Omidara,
« Myriack, Karaïba! »

GULNARE, *répétant le mot.*

Omidara!

CADIGE, *de même.*

Myriack!

LES TROIS JEUNES FILLES.

Karaïba!

(*Le balai se met à se mouvoir, et à s'avancer au milieu du théâtre.— Les jeunes filles poussent un cri de surprise.*)

Ah!

ENSEMBLE.

O pouvoir magique!
Effet diabolique!
Balai fantastique,
Léger dans ses goûts ;
Qui, de la cadence
Sentant la puissance,
Hardiment s'élance,
Et danse avec nous!
Tra la, la, la, la, la, la!

(*Elles se prennent toutes trois par la main, et dansent autour du balai en chantant.*)

Tra la, la, la, la,
La, la, la, la, la!

CADIGE.

C'est charmant !... C'est original!

NÉRILHA, *montrant le balai.*

Mais à danser seul, il s'ennuie!

GULNARE.

Et pour lui tenir compagnie...

(*A Nérilha.*)

De ton maître moi je convie
Tout le mobilier à ce bal.

Elle agite la baguette, et tous les meubles de l'appartement, chaises, tables, et jusqu'à un grand buffet chargé d'assiettes, qui est au fond du théâtre, se mettent successivement à se mouvoir.)

Ah! Ah! Déjà les voyez-vous?
A ma voix ils répondent tous!

ENSEMBLE.

O pouvoir magique!
Effet diabolique!
Ce bal fantastique,
Les réunit tous!...
Oui, de la cadence,
Suprême puissance,
La nature danse,
Danse comme nous!

(*Les jeunes filles et tout le mobilier d'Atalmuc dansent ensemble.*)

Tra la, la, la, la,
La, la, la, la, la,
La, la, la, la, la!

(*Au moment où le bal, qui va en crescendo, devient le plus animé, on entend, à droite, la voix d'Atalmuc dans la coulisse.*)

ATALMUC, *en dehors.*

Nérilha! Nérilha! Mon souper!

NÉRILHA, *effrayée.*

C'est mon maître!
Le voilà de retour!

(*Se tournant vers les meubles, qui dansent toujours.*)
Cessez vite, cessez,
Le bal est terminé.

(*Regardant vers la droite.*)

Dieu! S'il allait paraître!

(*Se retournant, et voyant la danse mobilière qui continue.*)

Eh bien! M'entendez-vous?

(*Criant.*) On vous dit : Finissez!
J'ai beau leur commander...
(*Se frappant le front.*) J'oubliais dans mon trouble
La formule...
(*Courant au livre.*) Omidara!
Myriack, Karaïba!

TOUTES TROIS.

Karaïba! Karaïba!

NÉRILHA, *stupéfaite.*

Ils n'en dansent que mieux!.. Et leur ardeur redouble!

CADIGE.

C'est juste!... Nous savons l'art de les animer,
Mais nous ne savons pas celui de les calmer!

ENSEMBLE.

(*Strette du morceau sur un galop infernal.*)

De ce bal
Infernal,
O signal
Trop fatal!
Triste sort,
Notre effort
Double encor
Leur essor!
Fol espoir,
De vouloir
Défier

Un sorcier!...
Oui, c'est clair,
C'est l'enfer
Qui bondit
Et mugit!

SCÈNE VII.

LES PRÉCÉDENTES, ATALMUC, *paraissant à la porte, à droite.*

ATALMUC.
O ciel! En croirai-je mes yeux!
Que l'ordre renaisse en ces lieux!..
Je le veux! Je le veux!

GULNARE, CADIGE, NÉRILHA.
C'est lui! Quels regards furieux!
Fuyons, fuyons loin de ces lieux!..
Fuyons loin de ces lieux!

(*Les trois jeunes filles s'élancent vers la porte du fond; Gulnare et Cadige disparaissent. Quant à Nérilha, arrêtée par le réseau invisible, elle est obligée de rester. Atalmuc étend la main, et tous les meubles redeviennent immobiles.*)

SCÈNE VIII.

ATALMUC, NÉRILHA, *qui vient de s'asseoir, se cachant la tête dans ses mains.*

ATALMUC.
Qu'est-ce que cela signifie? Je m'absente à peine une heure, et je trouve ici un désordre pareil!

NÉRILHA, *tremblante.*
Je ne dis pas qu'il n'y ait pas un peu de désordre... mais quand, dans une maison, il y a eu un bal... (*Vivement.*) Eh bien! Oui, un bal... ce n'est pas ma faute à moi!

ATALMUC.
A qui donc?

NÉRILHA.
A ce grimoire que vous aviez laissé ouvert... et où j'ai lu, par hasard, deux lignes que je ne comprenais pas... aussitôt tout s'est mis à danser autour de moi... sans qu'il y eût moyen de l'empêcher...

ATALMUC.
Parce que tu ne savais que la moitié de mon secret!..

NÉRILHA.
Eh! Mon Dieu... on ne veut pas vous l'enlever... gardez-le... et puisque vous pouvez tout, changez-moi, pour vous venger, en ce que vous voudrez... tuez-moi même, si ça vous fait plaisir... je l'aime mieux... tuez-moi!

ATALMUC.
Tu sais bien, perfide, que je ne le veux pas! Que je t'aime trop pour cela!

NÉRILHA.
Bel amoureux vraiment! Bourru et colère... heureusement, il y en a d'autres... d'autres plus aimables!..

ATALMUC.
Qui te l'a dit?

NÉRILHA.
Cadige et Gulnare, mes jeunes amies... qui en ont chacune un, qu'elles adorent!

ATALMUC.
Je ne les laisserai plus venir ici!

NÉRILHA.
Comme vous voudrez... je vous en aimerai un peu moins, voilà tout!

ATALMUC.
Est-il possible!

NÉRILHA.
Ah! Cela commence déjà! Et puisque votre art (vous me le disiez ce matin) ne peut pas commander à l'amour... Si j'étais de vous, j'en demanderais le moyen à d'autres...

ATALMUC.
Et quel est ce moyen... quel est-il?

NÉRILHA.
Dame! S'il faut que ce soit moi qui vous l'apprenne...

ATALMUC.
Achève!..

NÉRILHA.
Je ne sais pas au juste!.. Mais si j'avais un amoureux, qui fût riche ou pauvre, je voudrais partager sa fortune, ou sa misère... par ainsi...

ATALMUC.
Eh bien?..

NÉRILHA.
Si un magicien voulait être aimé de moi, il faudrait qu'il me donnât la moitié de sa magie...

ATALMUC.
En vérité!

NÉRILHA.
Qu'il m'expliquât les secrets de son grimoire ou de sa baguette... voilà!..

ATALMUC.
Et tu l'aimerais?..

NÉRILHA.
Je ne dis pas cela! Mais ce serait peut-être un moyen de me gagner le cœur!.. Qui sait?.. Essayez?

ATALMUC, *avec amour.*
Ah! Perfide!.. Tout me dit que tu veux me tromper... et cependant je ne puis m'empêcher de saisir cette lueur d'espoir...

NÉRILHA.
Voilà déjà un bon sentiment dont je vous sais gré!

ATALMUC.
Est-il possible ?..
NÉRILHA.
C'est la première fois que je me sens pour vous
comme quelque chose... qui n'est pas de l'anti-
pathie!.. (Geste d'Atalmuc.) Lisez plutôt... vous
qui savez lire... (Montrant son cœur.) Là!..
ATALMUC, la regardant avec attention et émotion.
C'est vrai! C'est vrai!

DUO.

Si tu pouvais devenir plus traitable,
Ah! Combien je te chérirais!
NÉRILHA.
Si vous pouviez devenir plus aimable,
Ah! Combien je vous aimerais!
ATALMUC.
Vraiment?...
NÉRILHA.
Vraiment!
ATALMUC, *la regardant avec amour.*
O prestige! ô délire!
Je le sens, je le vois,
Tu veux, par ton empire,
Usurper tous mes droits!..
Et l'amour te protége!..
Et prête à succomber,
Ma raison voit le piége
Où mon cœur va tomber!
(*Lui présentant une rose métallique, qu'il tire de son sein.*)
Tiens, tu vois ici cette rose,
Qui te soustrait, hélas, à mon pouvoir!
Si tu désires quelque chose,
Pour l'obtenir, tu n'auras qu'à vouloir!
(*Il lui fait le geste d'agiter la rose.*)
NÉRILHA, *avec impatience, et voulant prendre la rose des mains d'Atalmuc.*
Donne!
ATALMUC, *avec défiance.*
Et si pour engager à quelqu'autre ta foi,
(*Lui montrant la rose.*)
Tu voulais t'en servir...
NÉRILHA, *étendant la main.*
Jamais!
ATALMUC.
Écoute-moi!
Si ton âme, sortant de son indifférence,
Aimait jamais quelqu'un; si tu le lui disais...
Soudain ce talisman tomberait sans puissance!
NÉRILHA.
Je comprends!
ATALMUC.
Sous ma loi, soudain tu reviendrais!
NÉRILHA.
J'y consens.
ATALMUC.
Tu perdrais ta beauté, ta jeunesse!..
NÉRILHA.
D'accord!
ATALMUC.
Et sous tes cheveux blancs,

Tu n'inspirerais plus de tendresse
A personne... qu'à moi!
NÉRILHA, *lui arrachant la rose des mains.*
Donnez donc?.. J'y consens!...
ENSEMBLE.
NÉRILHA.
O sort prospere,
Dont je suis fière!
La terre entière
Doit m'obéir!
Par cette rose,
Dont je dispose,
Rien ne s'oppose
A mon désir!
ATALMUC.
Oui, pour te plaire,
O reine altière,
Il faut me taire
Et t'obéir!
De cette rose,
Dont je dispose,
Hélas! Je n'ose
Me repentir!
NÉRILHA.
O Cadige, ô Gulnare, ô mes jeunes amies,
(*Agitant sa rose.*)
Que vos vœux soient par moi remplis en même temps!
(*On entend un coup de tam-tam, et l'on aperçoit au fond, dans un tableau magique, Gulnare en princesse, et Cadige et Xaïloun à ses pieds.*)
Et vous, mes seuls amours, venez, mes fleurs chéries,
M'entourer de bouquets aux parfums enivrants!
(*Un second coup de tam-tam se fait entendre; Nérilha se trouve au milieu d'une corbeille de fleurs, qui sort de terre.*)
ENSEMBLE.
NÉRILHA.
O sort prospère,
Dont je suis fière!
La terre entière
Doit m'obéir!..
Par cette rose
Dont je dispose,
Rien ne s'oppose
A mon désir!
ATALMUC.
Oui, pour te plaire,
O reine altière,
Je veux me taire
Et te servir!
De cette rose,
Dont je dispose,
Hélas! Je n'ose
Me repentir!

(*Nérilha agite sa rose; la corbeille de fleurs dans laquelle elle s'est couchée commence à s'élever de terre. Atalmuc, effrayé, veut s'élancer pour la retenir. Sur un second geste d'elle, Atalmuc ne peut faire un pas de plus, tandis que Nérilha disparaît dans les airs. La toile tombe.*)

FIN DU PREMIER ACTE.

ACTE DEUXIÈME.

La scène se passe dans la vallée de Cachemire, au milieu de jardins enchantés, où de tous côtés s'offrent des massifs de fleurs.

SCÈNE PREMIÈRE.

LE GRAND VISIR, ABOULFARIS, QUELQUES SEIGNEURS DE SA SUITE, ET DES PETITS NÈGRES.

ABOULFARIS.

Que la caravane s'arrête!... J'accorde à mes gens une heure de repos... moi, pendant ce temps, je visiterai seul ces jardins merveilleux que je ne connais pas... nous repartirons après pour Delhy, où le sultan des Indes, notre gracieux souverain, nous attend avec impatience... Allez!... (*Les seigneurs se retirent, ainsi que les deux petits nègres.*) Quant à moi, rien ne me presse... la mission difficile, dont le sultan m'avait chargé, ayant complètement échoué, il sera toujours temps de lui en raconter les glorieux détails... mon seul regret est d'avoir quitté cette délicieuse ville de Candahar, où j'avais fait une passion... et presque deux... ces jeunes filles du peuple... Eh bien! Oui, du peuple... cela me changeait... ces jeunes filles que j'invitais à prendre des sorbets dans mon pavillon... et l'une d'elles, la belle Gulnare, avait pour les grands seigneurs en général... et pour moi en particulier, une préférence, une estime, auxquelles du reste, je suis habitué...

SCÈNE II.

ABOULFARIS, LE PRINCE BADEL-BOUDOUR, *sortant d'une allée, à gauche.*

ABOULFARIS, *étonné.*

Que vois-je? Le prince!...

LE PRINCE, *de même.*

Que vois-je? Aboulfaris, mon grand visir!

ABOULFARIS.

Oui, mon prince... c'est moi, qui retournais en grande hâte, vers la capitale!

LE PRINCE.

Et moi, je l'avais quittée, pour venir au-devant de ma jeune cousine, la céleste Bedy-el-Jamal!

ABOULFARIS, *à part.*

J'en étais sûr... l'impatience!... (*Haut.*) Aussi, pour rendre compte à Votre Hautesse de mon ambassade... des soins et de l'habileté que j'y ai déployés... je ne sais par où commencer...

LE PRINCE.

Commence... par le commencement!

ABOULFARIS.

C'est une idée!... Une grande idée!..

LE PRINCE, *regardant autour de lui avec inquiétude.*

Et dépêche-toi!

ABOULFARIS.

M'y voici, mon prince...m'y voici!... Votre auguste père vous avait ordonné en mourant, d'épouser dans la première année de votre règne, votre jeune cousine Bedy-el-Jamal, fille de son frère.

LE PRINCE.

Je sais cela!

ABOULFARIS.

Certainement!... Le difficile était d'abord de la retrouver, attendu, que lors de l'incendie du palais par les Tartares, elle avait été enlevée au berceau, et qu'on ne savait plus ce qu'elle était devenue...

LE PRINCE, *avec impatience.*

Je sais tout cela!

ABOULFARIS.

Certainement!.. Certainement! Mais Votre Hautesse m'ayant dit de prendre par le commencement...

LE PRINCE, *avec impatience.*

J'ai eu tort... prends par la fin!

ABOULFARIS.

M'y voici!.. Vous m'avez chargé alors, moi, Aboulfaris, votre grand visir, et la lumière de votre conseil, de faire des recherches... j'ai fait des recherches! Et dans l'Indostan, dans le royaume de Caboul, rien!... Dans la Perse, rien!

LE PRINCE, *de même.*

En vérité!

ABOULFARIS.

Et pourtant, je me suis arrêté tout un mois à Ispahan... plusieurs jours à Candahar...

LE PRINCE, *vivement.*

A Candahar!.. Et vous n'avez rien découvert de plus... ni à Candahar... ni dans ses environs...

ABOULFARIS.

Non, mon prince!

LE PRINCE.

Eh bien! J'en suis fâché pour la lumière de mon conseil... mais un savant nécromancien, que j'ai fait venir à ma cour, m'a donné la preuve certaine, que la nièce de mon père... celle que j'ai juré d'épouser... la princesse Bedy-el-Jamal, était, depuis son enfance, cachée près de la ville de Candahar...

ABOULFARIS.

Est-il possible!

LE PRINCE.

Où, s'ignorant elle-même, elle exerçait sous le nom de Gulnare...

ABOULFARIS.

Ciel!..

LE PRINCE.
La profession obscure de lavandière !
ABOULFARIS, *à part.*
Gulnare !..
LE PRINCE.
Qu'as-tu donc?.. D'où vient ce trouble?
ABOULFARIS.
L'étonnement... la stupéfaction... d'une rencontre... je veux dire... d'un coup du sort... aussi... foudroyant.
LE PRINCE.
Tu as bien raison, car ce n'est rien encore!.. Je lui avais à l'instant envoyé une escorte magnifique et nombreuse, et résolu d'aller moi-même à sa rencontre, j'étais déjà à deux marches de Delhy, ma capitale; lorsqu'en traversant la vallée de Cachemire, que j'ai parcourue vingt fois, j'aperçois une pagode et des jardins délicieux, qui jamais n'avaient frappé mes regards !
ABOULFARIS.
Ceux-ci !.. Des massifs... des forêts de fleurs... c'est merveilleux!
LE PRINCE.
Moins encore que la reine de ces fleurs!.. La fée qui habite ces jardins magnifiques !.. Et si tu savais dans quelle situation je me trouve...
ABOULFARIS.
Parlez! Votre Hautesse n'a-t-elle pas en moi, auprès d'elle, son conseil tout entier.
LE PRINCE.
J'avais fait remettre à la princesse, ma cousine, mon portrait... dont la vue seule, le croirais-tu... a fait naître une passion...
ABOULFARIS, *à part.*
La perfide !
LE PRINCE.
Qui ne finira qu'avec elle... elle me l'a écrit !
ABOULFARIS, *à part.*
Juste ce qu'elle me disait de vive voix !
LE PRINCE.
Et lorsque, me conformant aux ordres de mon père, je lui ai offert ma main, lorsque j'ai déjà fait publier ce mariage par tout le royaume... voilà que cette jeune fille, que j'ai aperçue dans ces bosquets de fleurs, me retient comme fasciné par sa vue !
ABOULFARIS.
En vérité !
LE PRINCE.
ROMANCE.
PREMIER COUPLET.
Oui, chaque jour je viens l'attendre
En ce séjour délicieux !
Mais quand son cœur semble se rendre,
Elle m'échappe, hélas ! Et fuit loin de mes yeux !
Reine des fleurs, fraîche comme elles,
Ange du ciel, apaise-toi !
Ah ! Ne va pas ouvrir tes ailes,
Reste encor, reste auprès de moi !

DEUXIÈME COUPLET.
A ses genoux, hier encore,
Avec amour je l'implorais !
Quand sa voix, sa voix que j'adore,
M'a banni de sa vue, et moi je lui disais :
Reine des fleurs, fraîche comme elles,
Ange du ciel, apaise-toi !
Ah ! Ne va pas ouvrir tes ailes ;
Reste encor, reste auprès de moi !

J'ignore donc si j'ai pu toucher son cœur... mais moi, c'est de l'amour, c'est du délire !.. Tandis que pour ma cousine, pour la sultane, je ne ressens là qu'une complète indifférence !
ABOULFARIS.
Elle n'est pourtant pas mal !
LE PRINCE.
Qui te l'a dit ?
ABOULFARIS, *tremblant.*
Vous-même, tout-à-l'heure, magnanime sultan...
LE PRINCE, *d'un air distrait.*
Je ne le croyais pas... et j'ai promis, j'ai engagé ma foi royale... ah! Si mon auguste fiancée pouvait ne pas m'aimer !
ABOULFARIS.
C'est impossible !..
LE PRINCE.
Je serais trop heureux ! Car d'après une clause du testament de mon père... s'il m'est prouvé qu'elle aime, ou qu'elle a aimé quelqu'un... je ne suis plus obligé à rien !.. Et si tu pouvais me trouver cet autre... cet amant heureux...
ABOULFARIS, *avec joie.*
Qu'en feriez-vous?
LE PRINCE.
Je le ferais empaler à l'instant, et je me regarderais comme libre.
ABOULFARIS, *avec joie.*
O ciel !
LE PRINCE.
Tu comprends quel bonheur pour moi!
ABOULFARIS.
Mais pas pour lui !
LE PRINCE.
Tais-toi !..
ABOULFARIS.
Qu'est-ce donc?
LE PRINCE.
Voici l'heure où elle descend dans ses jardins !
ABOULFARIS.
De quel côté?
LE PRINCE.
Je ne sais... on la voit tout-à-coup sortir d'un buisson de roses...
ABOULFARIS, *troublé.*
Vous permettez, Monseigneur !..
LE PRINCE.
Je te permets de t'en aller... voilà tout... et

même je te l'ordonne! (*Aboulfaris sort par la droite, et le prince par la gauche du spectateur.*)

SCÈNE III.

(*Le fond s'ouvre, on aperçoit Nérilha au milieu de jeunes nymphes groupées autour d'elle, et lui présentant des roses; elle leur fait signe de s'éloigner, et redescend le théâtre; le prince, caché dans le bosquet, à gauche, dont il écarte les branches, regarde pendant quelques instants Nérilha, puis il referme doucement les branches.*)

NÉRILHA.

RÉCITATIF.

Des roses, partout des roses!
Sur les gazons naissants des fleurs fraîches écloses,
Et je ne sais... mais, maintenant je crois
Les voir, les admirer pour la première fois!

AIR.

O suave et douce merveille!
Par qui mon cœur est transformé,
Mon cœur bat, mon âme s'éveille,
Tout mon être s'est animé!
Dans un long sommeil engourdie,
A la nuit succède le jour!
C'est l'existence, c'est la vie!
C'est la lumière, c'est l'amour!
    La rose nouvelle,
    Plus fraîche et plus belle,
    Répand autour d'elle
    Parfums plus doux encor!
    Et cette onde si pure,
    Avec son vif murmure,
Dans ces bosquets prend son essor.
A toi, je m'abandonne,
Bonheur qui m'environne!
Mon cœur déjà rayonne
D'un pur et tendre amour!
Un pouvoir tutélaire,
Sur la nature entière,
Répand un nouveau jour!

SCÈNE IV.

NÉRILHA, LE PRINCE.

NÉRILHA.

O ciel! C'est lui!

LE PRINCE.

Oui, c'est moi, qui malgré votre défense viens encore vous implorer!.. Rien qu'un instant... laissez-moi vous dire que depuis le premier jour où je vous ai vue, ce que je ressens là, c'est de l'amour!

NÉRILHA, *effrayée.*

Est-il possible! De l'amour! Ce mot si terrible... qu'il m'est bien défendu de prononcer... (*A part.*) Mais non pas de...

LE PRINCE.

Eh! Que craignez-vous de moi?.. En vous est ma vie!. Je voudrais la passer dans ce royaume de fleurs, qui ferait oublier tous les autres!

NÉRILHA, *troublée.*

Seigneur!..

LE PRINCE.

Près de vous, qui ne m'aimez pas, je le sais... qui jamais ne pourrez éprouver ce que j'éprouve pour vous!..

NÉRILHA, *à part.*

Je n'en voudrais pas répondre!

LE PRINCE.

Mais, dites-moi seulement, dites-moi qu'un jour peut-être...

NÉRILHA.

Jamais!.. Jamais!.. Et si vous ne voulez pas, comme hier, me forcer à vous fuir... il faut me promettre de ne jamais rien demander... rien exiger...

LE PRINCE.

Je le jure!

NÉRILHA.

Soumission absolue à tous mes ordres...

LE PRINCE.

Je le jure!

NÉRILHA.

Ah! Maintenant, me voilà bien tranquille! (*On entend un air de marche; regardant au fond du théâtre.*) Eh! Mon Dieu!.. Qui vient là?.. De grâce, éloignez-vous!

LE PRINCE.

Oui, je vous obéis... bientôt je reviendrai! (*Il s'éloigne par la gauche du spectateur.*)

SCÈNE V.

NÉRILHA, CADIGE et XAÏLOUN, *entrant par le fond du théâtre. Ils regardent autour d'eux avec étonnement ces jardins inconnus. Puis ils poussent un cri de surprise en voyant Nérilha.*

NÉRILHA, *se retournant.*

Que vois-je?.. Xaïloun!.. Cadige!.. Comment vous trouvez-vous chez moi?..

CADIGE.

Avec Gulnare, l'ancienne lavandière, qui est passée princesse! (*La musique commence.*)

XAÏLOUN.

Voici son cortége... entendez-vous?...

MORCEAU D'ENSEMBLE.

NÉRILHA.

Ah! j'entends retentir et tambour et cimbale!

CADIGE.

De Gulnare voici la marche triomphale!

SCÈNE VI.

NÉRILHA, CADIGE, XAÏLOUN, GULNARE, *portée sur un riche palanquin.* CHŒURS D'ESCLAVES, HOMMES ET FEMMES, *puis* LE PRINCE.

CHŒUR.

Plaisirs, ivresse et fête,
Que le divin prophète,
De l'hymen qui s'apprête,
Protége la splendeur !
Et vous, en qui rayonne
L'éclat de la couronne,
Ah! Que Brama vous donne,
Gloire, amour et bonheur !
Quel beau jour ! Quelle fête !
O triomphe! O grandeur !
De l'hymen qui s'apprête,
O sublime splendeur !
Grand sultan, la gloire environne
Ta sublime couronne !
A jamais, que Brama te donne
Gloire, amour et bonheur !

GULNARE, *qui est descendue de son palanquin.*

AIR.

Je commande, je suis la reine !
Vous, qu'ici le respect enchaîne,
A l'aspect d'une souveraine,
Au nom de mon royal époux,
Esclaves, prosternez-vous !

CHŒUR.

Brama ! Brama !
Puissant Brama !

GULNARE.

Le bonheur règne d'avance
En ce séjour !
Je ne veux pour récompense,
Que votre amour !
Soyez heureux,
Soyez joyeux,
Car je le veux !
Livrez-vous aux plaisirs les plus doux,
Ou sinon malheur à vous !
Le bonheur règne d'avance
En ce séjour !
Je ne veux pour récompense,
Que votre amour !

CHŒUR.

O Brama! Brama !
Puissant Brama !

GULNARE, *se retournant et apercevant Cadige et Nérilha.*

Bonjour Cadige, et toi, petite Nérilha !
(*La prenant à part, et à voix basse.*)
Comme nous, je le vois, le destin t'exauça !
(*Haut.*)
Mon pouvoir vous protégera !

CADIGE et NÉRILHA, *s'inclinant.*

Que de bontés !

(*En ce moment, le prince sortant de l'allée, à gauche, où il s'était réfugié, se trouve en face de Gulnare, qui remontait le théâtre.*)

GULNARE, *apercevant le prince.*

Ah! Grand Dieu!.. Qu'ai-je vu ?

TOUS.

Qu'est-ce donc ?

GULNARE, *s'approchant du prince.*

L'amour en traits de flamme,
Avait trop bien gravé son portrait dans mon âme,
Pour n'avoir pas à l'instant reconnu
Le sultan, mon époux !

TOUS, *étonnés, regardant le prince et se prosternant.*

Le sultan !

NÉRILHA, *à part avec douleur.*

Son époux !

ENSEMBLE.

NÉRILHA.

Dieu puissant, que dit-elle, est-ce un rêve?
Quoi ! C'est lui... qui serait son époux?
Le dépit en mon âme s'élève,
Je ne puis contenir mon courroux!

ATALMUC, *regardant Nérilha.*

Quel soupçon dans mon âme s'élève,
Elle tremble à ce nom seul d'époux !
C'en est fait ! Non, ce n'est plus un rêve,
Tout me dit que son cœur est jaloux !

LE PRINCE.

Quel tourment dans mon âme s'élève,
Il faut perdre un espoir aussi doux !
Adieu donc, mon bonheur et mon rêve,
C'en est fait ! Me voilà son époux !

GULNARE.

Jusqu'à lui sur le trône, il m'élève,
Et chacun de mon sort est jaloux !
Dans ma main j'ai le sceptre et le glaive,
Devant moi, tombez tous à genoux !

XAÏLOUN ET CADIGE.

Jusqu'au trône la gloire l'élève,
Et chacun de son sort est jaloux!
Dans sa main sont le sceptre et le glaive
Qu'elle tient du sultan son époux!

SCÈNE VII.

Les précédents, ABOULFARIS et Plusieurs seigneurs, *entrent dans ce moment.*

LE PRINCE, *s'adressant à Gulnare.*
Noble et vertueuse princesse,
Que je présente à Votre Altesse
Les premiers de ma cour !
(*Prenant Aboulfaris par la main.*)
        D'abord mon grand visir !
GULNARE ET ABOULFARIS, *se regardant l'un et l'autre avec effroi.*)
    O ciel ! O ciel ! Je me sens défaillir !

ENSEMBLE.

GULNARE.
O fatale présence !
Comment m'y dérober ?
Hélas ! En défaillance,
Je suis prête à tomber !
Si ce fatal mystère
Venait à voir le jour,
Dans son cœur, la colère
Remplacerait l'amour !

LE PRINCE, *regardant Nérilha.*
A sa douce présence,
Il faut me dérober !
Pour moi quelle souffrance !
Je crains d'y succomber !
Dans ma douleur amère,
Il faut fuir sans retour.
Adieu ! Toi qui m'es chère,
Adieu ! Mon seul amour !

NÉRILHA.
Sortons, à sa présence,
Il faut me dérober !
Pour moi, quelle souffrance !
Je crains d'y succomber !
Le dépit, la colère,
M'agitent tour à tour.
Rien ne peut plus me plaire
En ce triste séjour !

ATALMUC.
Je comprends sa souffrance,
Et prête à succomber,
Bientôt en ma puissance
Elle va retomber !
Oui, je tremble et j'espère,
Et frémis tour à tour
De plaisir, de colère,
De fureur, et d'amour !

ABOULFARIS, *regardant Gulnare.*
O fatale présence !
Comment m'y dérober ?
Hélas ! En défaillance
Je suis prêt à tomber !
Cachons bien ce mystère,
Ou mon maître en ce jour,
Pourrait dans sa colère,
Châtier notre amour !

XAÏLOUN.
Quelle douce espérance
Vient déjà m'absorber !
A ce bonheur, d'avance,
Je crains de succomber !
Ma belle ménagère
M'a payé de retour !
C'est moi qu'elle préfère,
Je suis son seul amour !

CADIGE.
Quelle douce espérance
Vient soudain m'absorber !
A ce bonheur, d'avance,
Je crains de succomber !
Oui, son ardeur sincère,
Me paya de retour !
Oui, c'est moi qu'il préfère,
Je suis son seul amour !

(*Gulnare présente sa main au prince, qui la porte à ses lèvres, et s'éloigne avec elle, ainsi que sa suite, au milieu de laquelle disparaissent Aboulfaris, Xaïloun et Atalmuc.*)

SCÈNE VIII.

NÉRILHA, *seule.*

Ils s'éloignent !.. Grâce au ciel ! Je ne sais ce que je serais devenue... ce qui allait arriver !.. Je sentais là, comme un fer aigu qui me déchirait et me faisait froid... et cette douleur... (*Portant vivement la main à son cœur.*) Mais je l'éprouve encore... rien ne peut me l'ôter... (*Agitant sa rose.*) Pas même ce talisman magique auquel rien ne résistait... O Atalmuc... Atalmuc... que n'es-tu là,.. près de moi ?..

SCÈNE IX.

NÉRILHA, ATALMUC, *sortant de dessous terre.*
ATALMUC.
Me voici !.. Autrefois ton maître, à présent ton esclave ! Que me veux-tu ?
NÉRILHA.
Ah ! Si tu savais !
ATALMUC.
Je sais tout !
NÉRILHA.
C'est affreux !.. N'est-ce pas !.. C'est indigne !.. Ce prince, venir ici sous un déguisement et par une tromperie !.. Pourquoi ne m'a-t-il pas dit tout d'abord... Je suis le sultan... l'époux de Gulnare... (*Avec dédain.*) Mon Dieu, il en est bien le maître... et à coup sûr ce n'est pas moi qui veux l'empêcher !...
ATALMUC, *froidement.*
Tu veux donc qu'il l'épouse ?
NÉRILHA, *vivement.*
Non, non, au contraire !.. Venge-moi ? Punis-le ?

ATALMUC.

C'est facile!.. Je n'ai qu'un mot à dire pour que les plus grands dangers le menacent !

NÉRILHA, *avec effroi.*

Lui !.. Des dangers !.. Lesquels ?.. (*Agitant sa rose.*) Je le défends ! Je le protège !..

ATALMUC, *avec fureur.*

Malheureuse !..

NÉRILHA.

Oui, bien malheureuse !.. (*Portant la main à son cœur.*) Je ressens là... des tourments...

ATALMUC.

Que j'éprouvais pour toi... Et que j'éprouve encore...

NÉRILHA, *lui prenant la main.*

Mon pauvre maître !..

ATALMUC.

Mon art ne peut rien pour moi-même, ni pour toi ! Mais cet amour que tu ne crains pas de m'avouer, me rend à la fois content et furieux !.. Celui que tu aimes, je le maudis, et le remercie, car bientôt, grâce à lui, tu vas retomber en ma puissance !

NÉRILHA.

Moi !

ATALMUC.

Tu sais nos conventions ! Et si tu lui avoues cet amour, si tu lui en donnes la moindre preuve...

NÉRILHA.

De ce côté-là, rassure-toi ! Ce que j'éprouve là... c'est du ressentiment... de la colère... de la haine... oui, de la haine !.. Et tout-à-l'heure... tiens... lorsque Gulnare lui a présenté sa main, qu'il a portée à ses lèvres... Pourquoi ? Qu'avait-il besoin de lui baiser la main... elle n'est pas déjà si belle !.. Eh bien !.. Dans ce moment... tout prince qu'il est... si j'avais pu le frapper... et elle aussi !..

ATALMUC, *avec colère.*

Mais tu ne veux donc pas me laisser le moindre doute ?.. Jalouse !.. Tu es jalouse !

NÉRILHA.

Moi !.. Grand Dieu !..

ATALMUC.

Cette jalousie que tu me reprochais... que tu ne comprenais pas...

NÉRILHA.

Ah ! Je la comprends !.. Et tout-à-l'heure, quand il l'a embrassée... (*S'arrêtant, et avec dépit.*) Ah !.. Est-ce qu'il l'embrassera toujours ainsi ?..

ATALMUC, *froidement.*

C'est son mari !

NÉRILHA.

Son mari... son mari !... Ah ! Voilà à quoi je n'avais jamais songé... et rien que cette idée...

ATALMUC.

Modère-toi ?.. Gulnare vient de ce côté...

NÉRILHA.

Et pourquoi y vient-elle ?

ATALMUC, *froidement.*

Sans doute pour attendre le prince !.. Son amant... son époux !..

NÉRILHA.

Ah ! Tu es un méchant ! Tu me dis ce mot-là... exprès pour me torturer...

ATALMUC.

Non ! Mais pour t'épargner une nouvelle douleur, celle d'être témoin de leur entrevue...

NÉRILHA.

C'est-à-dire que si je m'éloigne... si je les laisse ensemble... il va encore lui baiser la main !..

ATALMUC, *avec impatience.*

Eh ! Qu'importe après tout !

NÉRILHA.

Ce qu'il m'importe !.. Tu me le demandes ! (*Elevant sa rose magique.*) Pour qu'il ne s'avise plus d'y songer... je veux, quand on donnera à Gulnare le moindre baiser, qu'on reçoive à l'instant, un bon soufflet, bien ferme, bien appliqué !.. (*Avec dépit.*) Oui... oui... là !.. Ça lui apprendra !

ATALMUC.

Tu le vois bien !.. Te voilà comme moi, méchante, extravagante et colère...

NÉRILHA.

Moi ! Colère !.. Si on peut dire cela !.. Quand c'est lui qui en est la cause !.. (*Avec emportement.*) Va-t-en !.. Va-t-en !.. Méchant serviteur... et ne reviens plus !..

ATALMUC, *sortant par la droite.*

Soit ! Je vais t'attendre !

NÉRILHA.

Et quant à Gulnare... je l'ai dit, ce sera... Qu'on y vienne maintenant... qu'on y vienne !.. Et gare aux soufflets. (*Elle disparaît par les bosquets, à droite, pendant que Gulnare entre pensive par une allée, à gauche.*)

SCÈNE X.

GULNARE, *seule.*

Oui... c'est une fatale rencontre !.. Retrouver dans le grand visir Aboulfaris, ce seigneur qui me faisait la cour à Candahar... qui venait tous les matins soupirer près de moi, à la fontaine des Palmiers... quoique, après tout, ces entrevues fussent bien innocentes, mais enfin, et quoique homme d'état, s'il est indiscret .. s'il parle... s'il raconte au sultan ce que... (*S'interrompant.*) je suis perdue !.. Il faut donc, en bonne politique, perdre moi-même le grand visir... le perdre, ou le gagner !.. Le gagner sera plus facile... je lui ai fait entendre que je voulais, avant notre départ, lui parler un instant dans ces jardins... il m'a comprise... car le voici !..

SCÈNE XI.

ABOULFARIS, *entrant par l'allée, à gauche*, GULNARE, *assise à droite.*

ABOULFARIS, *entrant en rêvant.*

Je ne sais pourquoi je m'effrayais de cette rencontre!.. Les hommes d'esprit... (*Se reprenant.*) non, je veux dire... les hommes d'État, sont stupides!.. C'est au contraire ce qui pouvait m'arriver de plus heureux ; tenant la sultane dans ma dépendance, et m'entendant avec elle, ma fortune est assurée... j'arrive à la plus haute faveur... je gouverne l'État... dont mon maître n'est plus que le sultan... honoraire!.. Tandis que moi...(*Levant les yeux.*) C'est elle! C'est la belle Gulnare... que dis-je?.. La céleste princesse Bedy-el-Jamal, reine de tous les cœurs!.. A commencer par le mien!

DUO.

GULNARE, *se levant et d'un geste impérieux lui ordonnant de s'avancer.*

Si votre langue peu discrète,
Cesse un instant d'être muette !

ABOULFARIS, *à part.*

J'entends parfaitement !

GULNARE.

C'est fait de vous ! Car à l'instant
Vous êtes mort, j'en fais serment !

ABOULFARIS.

J'entends parfaitement !

GULNARE.

Mais si vous gardez le silence,
A vous, la gloire et la puissance !

ABOULFARIS.

J'entends parfaitement !

GULNARE.

Vous serez du roi, mon mari,
Le premier visir...

ABOULFARIS.

Et l'ami !
J'ai compris, Dieu merci !

GULNARE ET ABOULFARIS.

Sur ce traité, qui m'intéresse !
Le secret doit être sacré !

ABOULFARIS.

Je l'ai promis !

GULNARE.

Je l'ai juré !
(*Lui tendant la main.*)
Recevez-en le gage !

ABOULFARIS, *prenant sa main.*

Ah ! Quelle ivresse !..
(*La portant à ses lèvres, et recevant un soufflet invisible, dont on entend le bruit.*)
Ah ! Quel soufflet !
Quel soufflet !!
Quel soufflet !!!
J'en reste stupéfait !
Et sa main nous enseigne,
Que sous ce nouveau règne,
En place de bienfaits,
Il pleuvra des soufflets !

GULNARE, *à part.*

Ah ! J'ai bien fait,
J'ai bien fait,
Le voilà satisfait !
Oui, je veux sous mon règne,
Qu'on m'aime et qu'on me craigne...
Ainsi je le promets,
Comptez sur mes bienfaits !

GULNARE.

Or donc, et maintenant
Que vous voilà content...

ABOULFARIS, *se frottant la joue.*

Pas trop !

GULNARE, *le regardant avec surprise.*

D'où vient cette grimace ?

ABOULFARIS.

Eh ! Mais franchement... à ma place...
Vous trouveriez, entre nous deux...
Que je méritais un peu mieux !

GULNARE, *baissant les yeux et minaudant.*

Vraiment .. c'est bien de l'exigence !
Mais vous le voulez, grand visir !
Allons, pour vous faire plaisir,
(*Lui tendant la joue.*)
Faisons la paix.

ABOULFARIS, *s'approchant avec transport.*

Quelle reconnaissance !

(*Même jeu.*)

ENSEMBLE.

ABOULFARIS.

Ah! Quel soufflet !
Quel soufflet !
Quel soufflet !
J'en reste stupéfait !
Et sa main nous enseigne,
Que sous ce nouveau règne,
En place de bienfaits,
Il pleuvra des soufflets !

GULNARE.

Ah ! J'ai bien fait,
J'ai bien fait,
Le voilà satisfait !
Oui, je veux sous mon règne,
Qu'on m'aime et qu'on me craigne ..
Ainsi, je le promets,
Comptez sur mes bienfaits !

SCÈNE XII.

LES PRÉCÉDENTS, XAÏLOUN.

ABOULFARIS, *à lui-même.*

Deux soufflets !

XAÏLOUN, *accourant.*

Monseigneur...

ABOULFARIS, *s'avançant vers Xaïloun.*

Que veux-tu ?

XAÏLOUN.
Je venais demander à Son Altesse...
ABOULFARIS, *à part.*
Deux soufflets!
XAÏLOUN.
L'ordre du départ...
ABOULFARIS, *lui donnant un soufflet.*
Le voilà!.. (*A part.*) Reste un... (*Il offre sa main à Gulnare, et sort en se tenant en garde contre elle de l'autre main.*)

SCÈNE XIII.

XAÏLOUN, *puis* NÉRILHA.

XAÏLOUN, *se frottant la joue.*
Par exemple!.. C'est reconnaître le dévouement d'une manière trop chaude...
NÉRILHA, *qui est entrée par l'allée, à droite.*
Qu'y a-t-il donc?
XAÏLOUN.
Ce qu'il y a?.. C'est le grand visir qui m'a chargé pour notre auguste sultan, d'un message...
NÉRILHA.
Que tu vas lui rendre!..
XAÏLOUN.
Oh! Non... je n'oserai pas!.. Je me contenterai de lui annoncer que tout est prêt pour le départ.
NÉRILHA, *à part.*
O ciel!
XAÏLOUN.
Et que la princesse, sa fiancée, l'attend... Seulement dans ces immenses jardins, que je ne connais pas, je ne sais comment trouver le prince...
NÉRILHA, *regardant vers la gauche du spectateur, et à part.*
Le prince?.. (*Haut, à Xaïloun, lui montrant le fond du théâtre, à droite.*) Le prince! Je viens de le voir dans le pavillon des camélias!..
XAÏLOUN.
Oui... mais ce pavillon...
NÉRILHA, *lui montrant toujours le fond, à droite.*
De ce côté, la première allée à droite, puis la cinquième à gauche...
XAÏLOUN.
Je comprends!
NÉRILHA, *le poussant.*
Alors.. va donc vite!.. (*Xaïloun sort par la droite.*)

SCÈNE XIV.

LE PRINCE, *entrant par la droite*, NÉRILHA, *cachée près d'un bosquet, à droite.*

DUO.

LE PRINCE, *entrant en rêvant.*
N'y pensons plus!.. il faut la fuir!

NÉRILHA, *à part, écoutant.*
O ciel!
LE PRINCE.
La voix de la sagesse
M'ordonne à l'instant de partir!..
(*Il fait quelques pas près du bosquet, à gauche.*)
Allons retrouver la princesse.
NÉRILHA, *avec jalousie.*
Non... près d'elle tu n'iras pas!
(*Agitant sa rose métallique.*)
Que pour mieux enchaîner ses pas,
Le sommeil ferme sa paupière!
(*Le prince, qui était près d'un banc de verdure, s'arrête et tombe sur le banc.*)
Oui, grâce à toi, cher talisman,
Il m'obéit, ce fier sultan!
(*Regardant le prince avec émotion.*)
Il dort!.. Avançons-nous...
(*S'arrêtant avec crainte.*)
Que fais-tu, téméraire?
Ne sens-tu pas trembler la terre?..
(*Elle s'approche de lui et penche la tête.*)
Il parle bas!..
(*Ecoutant.*)
Quels mots vient-il de prononcer?..
(*Poussant un cri.*)
Ah! Mon nom sur sa bouche est venu se placer!
LE PRINCE, *rêvant.*
Nérilha! Nérilha!..
NÉRILHA.

ROMANCE.

PREMIER COUPLET.
En dormant, en dormant,
C'est à moi, délice suprême,
C'est à moi qu'il s'en va rêvant;
C'est moi qu'il appelle et qu'il aime...
En dormant, en dormant!...
(*Elle s'approche encore plus près du prince, qui semble lui prendre la main et la presser contre son cœur.*)

DEUXIÈME COUPLET.
En dormant, en dormant,
(*Se baissant vers lui et écoutant.*)
Dans ses bras voilà qu'il m'enlace!
Il me dit qu'il sera constant...
(*Voyant le prince, qui de la main lui envoie un baiser.*)
Et je crois même qu'il m'embrasse,
En dormant, en dormant!
(*Vivement.*)
Je ne sais quel pouvoir m'entraîne malgré moi!
(*Avec exaltation.*)
Et dût ce fatal délire,
A ma perte me conduire,
(*S'approchant du prince et lui parlant.*)
Que je t'entende encore!..
(*S'adressant au prince.*)
Éveille-toi!...
LE PRINCE, *s'éveillant.*
Nérilha, Nérilha!

C'est bien toi !.. Te voilà !..

ENSEMBLE.

LE PRINCE.

Eh quoi! Ce doux songe,
Où l'amour me plonge,
N'est point un mensonge !
Et dans ce moment,
O réelle ivresse,
Fée enchanteresse,
C'est toi que je presse
Sur mon cœur brûlant !

NÉRILHA.

Non, non, ce doux songe,
Où l'amour le plonge
N'est point un mensonge !
Et mon cœur tremblant,
Craint de sa tendresse,
La fatale ivresse !
(*Au prince.*)
Ah! Pour ma faiblesse,
Grâce, en ce moment !

NÉRILHA, *cherchant à se dégager de ses bras.*
Laisse-moi, laisse-moi, prends pitié de moi-même !

LE PRINCE, *avec chaleur.*
Les serments que j'ai faits, et l'hymen qui m'attend,
Je briserais tout à l'instant.

Si tu m'aimais !
NÉRILHA, *hors d'elle-même.*
Je t'aime !..

(*Le prince la reçoit dans ses bras et l'embrasse. A ce mot l'orage qui grondait sourdement, éclate dans toute sa fureur, des cris infernaux se font entendre. Le prince, comme frappé de la foudre, tombe sans connaissance sur le banc, à droite. Toutes les fleurs du jardin sont soudain flétries et fanées. A un ciel d'été, succède l'hiver et les frimats. Nérilha, effrayée, chancelle et tombe dans les bras d'Atalmuc, qui paraît derrière elle.*)

ATALMUC.

Tu m'appartiens !.. Souviens-toi de nos lois !
Les enfers et l'amour m'ont rendu tous mes droits !

(*Nérilha est tout-à-coup changée en une vieille petite femme, couverte de rides; sa robe même se trouve d'une étoffe et d'une forme antiques. Nérilha pousse un cri et s'abîme sous terre avec Atalmuc, qui la tient toujours dans ses bras. Presque aussitôt, le prince se réveille en sursaut, et, saisi de stupéfaction en voyant le changement subit qui vient de s'opérer, s'écrie avec désespoir : NÉRILHA !.. NÉRILHA !.. puis il retombe accablé sur un banc.*)

FIN DU DEUXIÈME ACTE.

ACTE TROISIÈME.

Le théâtre représente une grotte sous-marine, comme la grotte d'Azur, en Sicile.

SCÈNE PREMIÈRE.

ATALMUC, *en robe et en bonnet de magicien,*
NÉRILHA, *en vieille.*

NÉRILHA, *qu'Atalmuc entraîne par la main.*
Seigneur Atalmuc, où me conduisez-vous?

ATALMUC.
Que t'importe? Où j'irai désormais, tu iras !

NÉRILHA.
Comment, ce n'est pas assez de m'avoir rendu vieille et laide, il faudra encore que je vous suive partout?

ATALMUC.
Oui; je ne veux plus te quitter d'un instant !

NÉRILHA.
Cela va être bien ennuyeux... pour vous. (*Vivement.*) Je ne vous parle pas de moi... (*Regardant autour d'elle.*) Et où sommes-nous ici?

ATALMUC.
A deux mille pieds sous la mer !

NÉRILHA.
J'aimerais autant être ailleurs... et si vous ne venez ici que pour mon plaisir...

ATALMUC.
Aujourd'hui je me rends au conseil des magiciens, présidé par le roi du Ginistan, et qui se tient dans un volcan... près d'ici... (*Lui montrant une ouverture de rocher.*)

NÉRILHA.
Dans un volcan !.. Et vous allez y descendre?

ATALMUC.
Aussitôt que Sathaniel, notre maître, m'appellera de sa voix d'airain.

NÉRILHA.
Et il faudra que je vous y suive?..

ATALMUC.
Non! Aucun être humain n'y peut pénétrer sans être consumé !.. Tu resteras à m'attendre dans cette grotte, d'où je ne crains pas que tu puisses t'échapper !

NÉRILHA.
Je le crois bien ! Deux mille pieds d'eau au-dessus de ma tête, et la flamme sous mes pieds... (*Regardant vers l'ouverture du rocher, à droite.*) O ciel !.. Et vous, Seigneur, vous allez vous plonger dans cette lave enflammée ?..

ATALMUC, *vivement.*
Cela t'effraie pour moi.

NÉRILHA.
Dame !.. Je ne vous veux pas de mal... Vous avez été un bon maître... et si vous n'aviez pas

ant d'affection pour moi... je finirais peut-être par en avoir pour vous.

ATALMUC, *avec chaleur.*

Dis-tu vrai?.. Rassure-toi donc!.. Avant d'entrer dans la salle du conseil, je quitte ma dépouille mortelle, et le rayon céleste qui anime mon être, l'âme, va seule rejoindre son maître dans cette région de feu !

NÉRILHA.

Ah! C'est votre âme seule, qui s'en va?.. C'est singulier!.. Et est-elle long-temps absente, votre âme?..

ATALMUC.

Quand la séance est tranquille, et qu'on ne s'y échauffe pas trop... un quart-d'heure, tout au plus, et je viendrai te rejoindre...

NÉRILHA, *vivement.*

Et nous remonterons sur terre?..

ATALMUC.

A l'instant!.. Mais je lis dans ta pensée... renonce à l'espoir de jamais te faire reconnaître par le jeune sultan des Indes, ou par aucun de tes anciens amis!..

NÉRILHA.

Pardi! Ils me prendraient tous pour ma grand'mère !..

ATALMUC.

Et si tu t'avisais de vouloir leur raconter tes aventures, ou de leur dire qui tu es...

NÉRILHA.

Eh bien?..

ATALMUC.

A l'instant tu deviendrais muette!..

NÉRILHA, *avec colère.*

C'est trop fort!.. Vous avez pu m'enlever ma jeunesse et ma beauté, mais m'empêcher de parler... je vous en défie!.. Et dût-on ne pas me croire et me traiter d'insensée... je dirai à tout le monde... je suis... (*Atalmuc étend la main vers elle.—A l'instant Nérilha s'arrête et fait de vains efforts pour continuer.*)

ATALMUC.

Eh bien! Je t'en avais prévenue!.. Te voilà muette... muette à tout jamais!.. Oui, oui, tu me promets de garder dorénavant le silence sur un sujet dont tu connais maintenant les dangers... tu me supplies de te rendre la parole.. eh bien! Soit, j'y consens! (*Etendant la main vers elle.*) Qu'as-tu à me dire?..

NÉRILHA, *avec volubilité et colère.*

Que je vous hais! Que je vous déteste ! Que je vous abhorre !..

ATALMUC.

Si c'est pour cela que je t'ai rendu la parole, ce n'était pas la peine!..

NÉRILHA, *vivement.*

Non!.. C'est pour une autre raison... pour une autre prière... ne soyez pas généreux à demi... *D'un air calin.*) Si vous m'aimez, si vous m'adorez, comme vous le dites, il doit vous être bien désagréable d'avoir une maîtresse si laide et si vieille... et si j'étais à votre place..... ne fût-ce que par amour-propre...

ATALMUC.

Je comprends !..

NÉRILHA, *vivement.*

Eh bien! Non, par amour, je m'empresserais de lui rendre sa forme première!..

ATALMUC.

Te rendre jeune et belle pour un autre... non !

AIR.

Non!... Ne crains pas que je te cède
Aux regards d'un rival heureux!
Non !... J'aime mieux que tu sois laide !
Pour moi, pour moi seul, pour mes yeux,
Pour moi, ces vains déguisements
Ne cachent rien à ma tendresse!
Je vois les fleurs de ton printemps,
Sous les rides de ta vieillesse !
Je vois ce front si blanc, si pur!
De tes yeux j'admire l'azur...
Seul je te vois... seul te possède!...
Ne crois pas qu'à tes vœux je cède!
Te rendre belle à d'autres yeux ?
Non, j'aime mieux que tu sois laide,
Pour moi, pour moi seul, je te veux!

On entend plusieurs sons de trompettes infernales.)
Qu'entends-je?.. (*A Nérilha.*) Adieu!.. Pour un instant, adieu!
O maître Tout-Puissant, c'est ta voix qui m'appelle.
(*Tombant sur un banc de rocher, à droite.*)
Que mon âme quittant sa dépouille mortelle,
Se rende au pied de ton trône de feu !
Adieu!.. Adieu!..
(*Atalmuc tombe inanimé sur le banc, à droite. Une flamme légère, qui semble sortir de son corps, s'élève, voltige un instant, et disparaît par l'ouverture du rocher, à droite.*)

SCÈNE II.

NÉRILHA, *seule, appelant à haute voix.*

Seigneur Atalmuc! Seigneur Atalmuc! Mon maître!..Il ne m'entend plus, il ne me voit plus... Oui, comme il me l'avait annoncé, son âme l'a quitté, et vient de disparaître ; il ne reste plus là que le corps d'un magicien, sa robe, son turban constellé!.. (*Posant la main sur son cœur.*) Et son grimoire, qu'il porte toujours avec lui depuis le jour où je m'en suis servi si gauchement, ce jour où j'ai donné un bal sans le vouloir... Si aujourd'hui, et pendant que son esprit voyage... j'y mettais plus d'adresse... voyons... je le tiens !.. (*S'avançant au bord du théâtre avec le grimoire qu'elle tient et qu'elle ouvre.*) Chapitre VI, Moyens de former les enchantements les plus compliqués. Ce n'est pas cela qu'il me faudrait, au contraire,... (*Retournant le feuillet.*) Ah! Le revers de la page... (*Lisant.*) *Moyens de détruire les divers enchantements.* C'est mon chapitre... Ah! Le cœur me bat... lisons!.. (*Regardant autour d'elle, et parcourant plusieurs pages du grimoire.— Poussant un cri.*) Ah!.. (*Lisant.*) *Devenue tout-à-coup vieille et laide...* M'y voici. (*Continuant.*) *un baiser a causé sa métamorphose, un baiser peut la détruire; et si elle rencontre quelqu'un qui consente à l'embrasser...* (*S'interrompant.*) Si ce n'est que cela! Je sais bien qu'à mon âge, et avec ma figure, ça n'est pas aisé... mais ça n'est pourtant pas impossible... achevons... (*Lisant.*) *mais qu'elle choisisse bien celui de qui elle recevra ce baiser, car, à l'instant même, et pour toujours, elle lui appartiendra corps et âme!* (*Poussant un cri.*) Ah! Mon Dieu!.. C'est donc pour cela qu'Atalmuc voulait toujours m'embrasser!.. Ah! Que j'ai eu raison de le refuser!.. Changer à ce prix-là... changer pour lui appartenir à toujours!.. Voilà un désenchantement!.. Autant garder mes rides et mes années... ce n'est pas pour lui que je voudrais les perdre... Mais celui-là, un prince, si jeune et si beau, voudra-t-il jamais?.. Enfin, s'il était là... on verrait, on tâcherait... Si je pouvais aller à lui...'cherchons. (*Feuilletant le grimoire.*) *Moyen d'être transporté à l'instant où l'on veut.* (*Avec amour.*) Ah! Près de lui... près du prince... dans son palais!.. (*Lisant le grimoire.*) *Élever ce livre magique vers le ciel, en répétant trois fois le nom du dieu de l'Indoustan.* (*Avec exaltation.*) Brama!.. Brama!.. Brama!.. (*Le grimoire lui tombe des mains; le théâtre change à vue; elle se trouve transportée sur la grande place de Delhy. A gauche, l'entrée d'une mosquée; à droite, la façade du palais.*)

SCÈNE III.

(Habitants du palais et de la ville de Delhy, Aboulfaris, et Gulnare, *assise sur un trône magnifique.*)

CHŒUR, *pendant lequel s'exécutent des danses gracieuses.*

Accourez tous, venez!
Habitants fortunés
De ce riant pays,
Doux paradis!
Accourez près de nous,
Les plaisirs les plus doux
Embelliront vos jours,
Remplis d'amours!
De Téhéran et d'Yspahan,
Du beau pays de Cachemire,
On vient ici,
Et c'est Delhy
Que l'étranger toujours admire!

De tous côtés,
Jeunes beautés,
A l'œil brillant plein d'étincelle!
Garde ton cœur,
O voyageur,
Du doux éclat de leur prunelle!
Accourez tous, venez!
Habitants, etc...
Voyez la jeune bayadère,
Rapide et fière,
Elle bondit!
Bientôt, bientôt elle a su plaire,
Mais plus légère,
Elle s'enfuit!

De Téhéran et d'Yspahan,
Du beau pays de Cachemire,
Etc., etc...

(*Nérilha a disparu au commencement de ce chœur.*)

ABOULFARIS, *tenant respectueusement la main de la princesse, à distance, et s'adressant au peuple.*

Bien, mes amis! La princesse est sensible... et moi aussi... aux hommages de ses futurs sujets...

GULNARE, *avec impatience.*

Mais il suffit!.. Assez d'enthousiasme et de transport!.

ABOULFARIS, *d'un air de flatterie.*

Que voulez-vous! L'amour du peuple...

GULNARE.

C'est à vous étourdir! Depuis trois jours, ils ne font que crier...

ABOULFARIS, *à voix basse.*

C'est commandé!

GULNARE, *au peuple.*

Je vous donne congé! Reposez-vous!

ABOULFARIS, *s'inclinant.*

Que de bonté!

GULNARE, *au peuple, d'un ton impérieux.*

Et surtout laissez-nous! Laissez-nous!

REPRISE DU CHŒUR.

(*Le peuple se retire.*)

GULNARE.

Encore des cris... Depuis que je suis dans ma capitale, tout me déplaît, me choque et me contrarie! D'abord le prince, mon futur époux, que je ne vois jamais!..

ABOULFARIS.

C'est l'étiquette!

GULNARE.

Et vous! Que je vois toujours!

ABOULFARIS.

C'est l'étiquette! Premier de l'Empire, après lui, c'est moi, son grand visir, qui dois le remplacer dans toutes les affaires importantes! (*Souriant.*) Il a confiance! Il n'est pas jaloux!

GULNARE.

Pas assez ! Mais en revanche, toujours sombre et rêveur !..

ABOULFARIS, *galamment.*

Il rêve à vous !

GULNARE, *avec impatience.*

Qu'il le dise alors !

ABOULFARIS.

Il m'en a chargé !

GULNARE.

Vous ?..

ABOULFARIS.

C'est aujourd'hui le jour de votre mariage !

GULNARE.

Enfin !..

ABOULFARIS.

Tout s'apprête déjà pour cela à la grande mosquée, et voici le programme de la journée : Tous les grands de la cour doivent venir vous offrir leurs hommages ! Il y aura présentation, réception, baise-main, et cœtera !

GULNARE.

Quel ennui !

ABOULFARIS.

C'est pour cela qu'il faut avant tout vous occuper de votre toilette.

GULNARE, *souriant.*

A la bonne heure !..

ABOULFARIS.

Voici déjà vos femmes, et la petite Cadige, (*A demi-voix.*) votre ancienne compagne...

GULNARE, *relevant la tête avec fierté.*

Qu'est-ce que c'est ?

ABOULFARIS, *s'inclinant vivement.*

Jamais !.. Jamais !.. Je me trompe !.. Je voulais dire votre esclave, la jardinière du palais... qui vient vous offrir les plus belles fleurs de vos jardins !

SCÈNE IV.

LES PRÉCÉDENTS, JEUNES ESCLAVES *apportant des coffres remplis d'étoffes précieuses*, CADIGE, *portant une corbeille de fleurs.*

GULNARE, *à Cadige.*

Que m'apportes-tu là ?

CADIGE.

Le bouquet de la mariée !.. Ce qu'il y a de mieux ! Des roses et des camélias blancs !

GULNARE, *d'un air de dédain.*

Des fleurs qui croissent pour tout le monde !

CADIGE.

Et qui n'en vont pas plus mal .. (*Montrant sa couronne.*) Voyez plutôt...

GULNARE.

C'est pour cela que je n'en veux pas ! Je veux des fleurs que personne n'ait jamais portées ! Des fleurs inconnues, des fleurs impossibles !.. Voilà ce qu'il me faut à moi, princesse ! Et dis à Xaïloun, ton futur mari, qu'il s'arrange pour en avoir !.. (*Se retournant vers les autres esclaves femmes, qui s'approchent.*) Et vous, qu'est-ce que c'est ?

ABOULFARIS, *montrant les coffres qu'on lui présente.*

Les étoffes de Perse les plus précieuses... une centaine de robes que l'on offre au choix de Votre Hautesse !

GULNARE.

Voilà qui est insupportable... Grand visir, prononcez vous-même... Car c'est un ennui mortel d'avoir à choisir au milieu d'une centaine de robes !

CADIGE, *bas à Gulnare en souriant.*

Vous n'éprouviez pas cet ennui-là... quand vous n'en aviez qu'une !

GULNARE, *se retournant vivement.*

Insolente !

CADIGE, *à part.*

Qu'est-ce qui lui prend donc ?

GULNARE.

Sortez de ma présence !

ABOULFARIS, *bas à Gulnare.*

Princesse !.. Princesse ! Quelle imprudence !.. Quelle faute en diplomatie ! Maltraiter quelqu'un qui possède notre secret !..

GULNARE, *bas à Aboulfaris.*

Pour la première fois, visir, vous avez raison !.. (*Haut, à Cadige, qui s'éloigne lentement.*) Eh ! Là... là, reviens, petite !.. Un moment d'impatience et d'humeur... quand on est princesse...

ABOULFARIS, *s'inclinant.*

C'est tout naturel !

GULNARE, *à Cadige.*

Je te pardonne !..

CADIGE.

A la bonne heure !..

GULNARE, *lui tendant la main.*

Oublions tout, et faisons la paix !

CADIGE, *qui a mis un genou en terre, porte à ses lèvres la main que Gulnare vient de lui tendre, et reçoit un soufflet.*

O ciel !

GULNARE, *à Aboulfaris.*

Et nous, visir, hâtons-nous !

ABOULFARIS.

Oui, sans doute ! Car tous les grands de l'Empire vous attendent pour le baise-main général ! (*Il sort avec Gulnare par la gauche.*)

SCÈNE V.

CADIGE, *seule, puis* XAILOUN ET NÉRILLA.

CADIGE, *tâtant sa joue.*

Je n'y ai vu que du feu !.. Et de la main d'une

amie encore !.. Si ce sont là les faveurs des princes... Je ne suis pas méchante... mais à la première occasion... où je pourrai me venger. (*Regardant vers la droite.*) C'est Xaïloun... Qu'a-t-il donc à causer avec cette petite vieille ?

XAÏLOUN, *entrant avec Nérilha.*
Oui, ma bonne femme, vous êtes à Delhy.

NÉRILHA, *avec émotion.*
A Delhy ?..

XAÏLOUN.
Chez notre jeune prince, le sultan des Indes !

NÉRILHA, *à part.*
C'est bien cela ! (*Apercevant Cadige.*) O ciel ! Cadige !.. (*Elle court près d'elle.*)

CADIGE.
Que me voulez-vous ?.. Qui êtes-vous ?

NÉRILHA.
Qui je suis ? (*A part.* (J'allais parler et devenir muette ! (*Haut.*) Qui je suis ?.. Une pauvre femme qui vient de bien loin !..

CADIGE.
Pour admirer ce palais... ces jardins dont Xaïloun est le jardinier en chef.

XAÏLOUN.
Par la protection de la sultane, qui a étendu sur nous sa puissante main !..

CADIGE, *se touchant la joue.*
Oh ! Oui !

XAÏLOUN.
La belle Gulnare...

NÉRILHA, *vivement.*
Je la connais !.. Je la connais depuis son enfance !..

XAÏLOUN, *à Cadige, à demi-voix.*
Dis donc, c'est peut-être sa nourrice.

CADIGE, *de même.*
C'est possible... (*Haut.*) Et vous venez pour son mariage ?

NÉRILHA.
Elle se marie ?..

CADIGE.
Aujourd'hui... dans une heure...

XAÏLOUN.
Avec notre auguste sultan.

NÉRILHA, *chancelant.*
O ciel !..

XAÏLOUN.
Qu'a-t-elle donc, la vieille ?... Elle se trouve mal?

NÉRILHA, *vivement.*
Non... non... achevez, de grâce... donnez-moi tous les détails sur ce mariage.

PREMIER COUPLET.

XAÏLOUN.
Du sultan l'hymen se prépare,
Et moi, je me marie aussi !
Il choisit la flère Gulnare,
Et moi Cadige, que voici !
Lui, c'est par l'ordre de son père,
Moi, c'est par le vœu de mon cœur !
Mais le sultan, sombre et sévère,
Semble triste de son bonheur !
(*Avec amour.*)
Tandis que nous...
(*Rencontrant un regard de Cadige.*)
Je me tais !..
Mais... mais... mais...
Le sultan est je crois,
Bien moins heureux que moi !

SECOND COUPLET.

CADIGE.
Hier je le voyais près d'elle,
Comme un prince, il bâillait, hélas !
Chez nous parfois on se querelle,
Mais du moins on n'y bâille pas !
Ah ! Je n'envîrais pas sa place,
Il ne parle jamais d'amour !
Jamais enfin il ne l'embrasse,
Elle s'en plaignait l'autre jour !...
Tandis que nous...
(*Xaïloun lui fait signe de se taire.*)
Je me tais !

TOUS DEUX.
Mais... mais... mais...
Ces augustes époux,
Sont moins heureux que nous !..

NÉRILHA.
Ainsi, vous dites que le prince est toujours triste ?

XAÏLOUN.
Comme un cyprès, ou un saule pleureur.

NÉRILHA.
Et on ne connaît pas la cause de cette tristesse ?

XAÏLOUN.
Sur ce chapitre-là, Cadige en sait plus long que moi...

CADIGE, *à demi-voix et mystérieusement.*
Oui, j'avais une autre amie, bien meilleure que Gulnare... une jeune fille, fraîche et jolie...

NÉRILHA, *soupirant.*
Ça n'est plus comme moi !

XAÏLOUN.
Ah ! Dame !.. Vous, ma brave femme, vous avez eu votre temps !

NÉRILHA, *regardant autour d'elle.*
Ça reviendra peut-être...

CADIGE.
Comment, ça reviendra ?

XAÏLOUN, *riant.*
Elle est bonne, la vieille !

NÉRILHA, *vivement.*
Enfin, achevez... le prince ?...

XAÏLOUN.
A vu pendant quelques jours cette petite Nérilh

NÉRILHA, *avec émotion.*

Nérilha !

CADIGE, *avec naïveté.*

C'est comme ça qu'on l'appelait, et j'ai idée qu'il pense à elle... qu'il l'aime !

NÉRILHA.

Tu en es sûre ?

CADIGE.

Dame !.. Quand il me rencontre dans les jardins, il me parle toujours d'elle.

XAÏLOUN.

Et un prince qui cause de cela avec une jardinière.. vous conviendrez qu'il y a quelque chose?..

NÉRILHA.

Certainement !... Et que dit-il ?

CADIGE.

Qu'il donnerait tout au monde, pour savoir ce qu'elle est devenue...

NÉRILHA.

Et en attendant, son mariage a lieu aujourd'hui ?

XAÏLOUN.

Tout est prêt à la mosquée, et je crois même que le prince y est déjà en prière.

NÉRILHA, *seule, à droite, à part.*

Ah ! Je n'y résiste plus... et à tout prix, je veux le voir, lui parler !.. (*Elle s'élance vers la mosquée.*)

XAÏLOUN, *apercevant, à gauche, la corbeille de fleurs que Gulnare a jetée à terre à la scène précédente, court la ramasser.*

Tiens ! Mes plus belles fleurs... qui les a arrangées ainsi ?.. (*Cadige lui explique à voix basse ce qui est arrivé, et lui montre du doigt la joue qui a reçu le soufflet.*)

~~~~~~

SCÈNE VI.

LES MÊMES, ATALMUC, *paraissant sur les marches de la mosquée au moment où Nérilha se prépare à les franchir.*

ATALMUC.

Où vas-tu ?

NÉRILHA, *prête à se trouver mal.*

C'est fait de moi !

ATALMUC.

Tu croyais en vain m'échapper... (*Étendant la main sur elle.*) Je te défends de faire un pas !

NÉRILHA, *tombe comme accablée sur un banc, à droite, près de la mosquée.*

CADIGE, *à gauche, à Xaïloun.*

Tiens ! Regarde donc ! (*Lui montrant Atalmuc.*) Notre ancienne connaissance.

XAÏLOUN.

Le seigneur Atalmuc !..

ATALMUC, *s'avançant vers lui.*

Qui, invité par le sultan des Indes, vient assister à son mariage avec la belle Gulnare !

NÉRILHA, *à part.*

O ciel !

XAÏLOUN, *montrant Cadige.*

Et vous assisterez aussi au mien !.. Si toutefois vous ne m'en voulez plus !.. Comme le jour... vous savez... où vous vouliez me changer en serpent !

ATALMUC, *avec ironie.*

Moi ! T'en vouloir... au contraire, et pour te le prouver, je te veux faire mon cadeau de noces.

XAÏLOUN, *avec joie.*

Est-il possible ?...

ATALMUC.

Tiens !.. (*Tirant un bouquet de son sein.*) Prends ce bouquet de camélias, dont les feuilles sont d'argent. Si Cadige n'a jamais aimé que toi... il conservera sa blancheur ; mais si elle en a aimé d'autres, ou si elle te trahit jamais... ces feuilles si blanches, deviendront tout-à-coup d'un pourpre éclatant.

XAÏLOUN, *vivement.*

Quel bonheur !

NÉRILHA, *à droite, à part.*

Ah ! Le sorcier lui en veut toujours.

XAÏLOUN, *à Cadige.*

Tiens, mets-le vite à ton côté...

CADIGE.

A quoi bon ?..

XAÏLOUN.

Pour voir !

CADIGE.

C'est inutile !

XAÏLOUN.

C'est égal... ça rassure toujours !..

CADIGE.

Vous n'avez pas besoin d'être rassuré... aussi je ne veux pas...

XAÏLOUN.

Et moi... je le veux ou sinon... je vais croire...

CADIGE.

Quoi !.. Qu'osez-vous dire ?... Tenez... tenez... regardez plutôt !..

XAÏLOUN.

A la bonne heure... (*Regardant.*) Toujours aussi blanc !.. Ma bonne petite Cadige... je n'ai plus de soupçons ! Me voilà tranquille... mais tu le mettras tous les jours...

CADIGE.

Par exemple !.. Voilà un présent qui nous brouillera !...

ATALMUC, *à part.*

Je l'espère bien...

(*Cadige et Xaïloun sortent en se disputant sur la ritournelle du duo suivant.*)

SCÈNE VII.

ATALMUC, NÉRILHA.

DUO.

ATALMUC, *amenant au bord du théâtre Nérilha, qui baisse les yeux.*
Ainsi ta haine qui me brave,
Espérait encor me tromper !

NÉRILHA.
C'était mon droit ! La pauvre esclave
A son tyran peut échapper !

ATALMUC *avec colère.*
(*A part.*)
Ah ! Traîtresse !.. Qu'allais-je faire ?
D'elle on n'a rien par la colère,
Et je sais un meilleur moyen.
(*Haut et s'approchant de Nérilha.*)
Je devrais te punir... eh bien !
Vois sur moi quelle est ta puissance !
Je pardonne encor cette fois !..

NÉRILHA, *à part, le regardant avec pitié.*
Ah ! Je le plains, et sa vengeance
Me ferait moins de mal, je crois !

ATALMUC.
Mon courroux vient de disparaître !
(*Lui tendant la main.*)
Et toi ?.. M'en veux-tu ?

NÉRILHA, *lui tendant la main.*
Non, mon maître !

ATALMUC.
Donne-m'en la preuve ?

NÉRILHA.
Et comment ?

ATALMUC, *souriant.*
Comment ?.. En m'embrassant !

NÉRILHA, *à part.*
O ciel !

ATALMUC.
Un seul baiser...

NÉRILHA, *à part.*
Je vois sa trahison !

ATALMUC.
Qui nous réconcilie...

NÉRILHA, *s'éloignant de lui.*
Oh ! Non, vraiment, non ! Non !
Car je sais tout... ce baiser peut me rendre
Ma jeunesse...

ATALMUC, *étonné.*
O ciel !..

NÉRILHA.
Et mes traits ;
Mais ce baiser me livre pour jamais
A celui qui me le donne !

ATALMUC.
C'est vrai ! C'est vrai !.. Du destin qui l'ordonne,
Permets à mon amour d'accomplir les décrets ?..

AIR.

De toi, de ta clémence,
J'implore un bien si doux,
J'abjure ma puissance,
Et tombe à tes genoux !
Que l'amour qui m'enivre,
Touche à la fin ton cœur,
C'est moi, moi, qui me livre
A ton charme vainqueur !

NÉRILHA, *le regardant avec pitié.*
Pauvre homme !

ATALMUC, *reprenant avec amour.*
De toi, de ta clémence,
J'implore un bien si doux,
J'abjure ma puissance,
Et tombe à tes genoux !

NÉRILHA, *attendrie et essuyant une larme.*
Ah ! Vrai ! Je le voudrais !

ATALMUC.
Eh bien,
Prononce donc mon bonheur et le tien !
Les trésors, les plaisirs embelliraient ta vie !
Plus que jamais tu deviendrais jolie !..
Ou plutôt il suffit que tu sois à jamais
Ce que tu fus jadis... Tiens, regarde ces traits
Que j'adore !..
(*Atalmuc étend la main vers un pan de mur de la mosquée, qui s'ouvre, et laisse voir Nérilha, comme elle était au premier acte.*)

NÉRILHA, *poussant un cri.*
..... C'est moi, moi !.. Telle que j'étais !

ENSEMBLE.

NÉRILHA.
Ah ! Que j'étais jolie !
Si je pouvais encor,
De ma beauté flétrie,
Retrouver le trésor !
O séduisante ivresse !
O charme tentateur !
Des rêves de jeunesse,
Vous enivrez mon cœur !

ATALMUC.
Toujours jeune et jolie,
Oui, tu pourrais encor,
De ta grâce flétrie,
Retrouver le trésor !
O séduisante ivresse !
O démon tentateur !
O rêves de jeunesse,
Venez charmer son cœur !

ATALMUC.
Ah ! Crois-en ma promesse,
Je te rends tes attraits !

NÉRILHA.
Rendez-moi ma jeunesse,
Et nous verrons après.

ATALMUC.
Réponds !.. réponds !

NÉRILHA, *avec résolution.*
Non, je t'appartiendrais !

ATALMUC.
Eh bien donc ! Malheur à jamais !..

Ah! Je cède à ma rage,
Et vais, pour ton malheur,
Hâter ce mariage,
Qui déchire ton cœur!
ENSEMBLE.
NÉRILHA, *avec douleur.*
Bonheur d'être jolie!
O précieux trésor!
Adieu donc pour la vie,
Vous perdre, c'est la mort!
Adieu, douce espérance,
Coulez, coulez, mes pleurs!..
Toujours même souffrance,
Toujours mêmes douleurs!
ATALMUC, *à Nérilha.*
Cesser d'être jolie,
Oui, tel sera ton sort;
Tu perdras pour la vie,
Ce précieux trésor!
Pour toi, plus d'espérance,
Laisse couler tes pleurs,
Toujours même souffrance,
Toujours mêmes douleurs!
Atalmuc sort vivement par la gauche, tandis que Cadige entre par la droite.)

SCÈNE VIII.
CADIGE, NÉRILHA.
NÉRILHA, *pleurant.*
Plus d'espoir!.. Tout est fini!
CADIGE, *entrant par la droite.*
Ah mon Dieu! La pauvre vieille qui pleure!..
Qu'avez-vous donc?
NÉRILHA.
Bien du chagrin!
CADIGE.
Et moi aussi!
NÉRILHA, *vivement.*
Et lequel?
CADIGE.
La défiance de Xaïloun... il n'est occupé que de ce bouquet... ce n'est plus moi qu'il regarde... c'est lui... ça m'est égal... parce qu'il l'aime bien... Mais s'il était toujours comme ça... défiant et jaloux... on ne sait pas ce qui peut arriver... et alors, voyez donc comme c'est dangereux... ce bouquet blanc qui tout-à-coup devient pourpre!.. Mais, je vous le demande... quel parti prendre?..
NÉRILHA.
Dans l'intérêt même de Xaïloun, vous défaire de ce bouquet!
CADIGE.
Oh! Je ne demande pas mieux. (*Remontant le théâtre.*) Que je voie seulement s'il n'est pas là... Mais ne restons pas ici... car je viens d'apercevoir le prince, qui se dirige de ce côté...
NÉRILHA.
O ciel!

CADIGE.
Comme vous voilà tremblante, ma bonne vieille!..
C'est qu'elle est toute tremblante cette pauvre vieille!..

SCÈNE IX.
NÉRILHA, CADIGE, *a gauche*, LE PRINCE, *venant de la gauche, en rêvant et allant vers la droite.*
LE PRINCE.
ROMANCE.
PREMIER COUPLET.

O toi, qui peut-être,
Ris de mon tourment,
Pourquoi m'apparaître,
Et pour un moment?
Beauté que j'adore,
Devrais-tu me fuir?
Viens, je veux encore
Te voir et mourir!

NÉRILHA, *qui a regardé le prince avec émotion.*
Ah! Quelle idée!.. (*A Cadige.*) Voulez-vous pour quelques instants me prêter ce bouquet?
CADIGE.
Vous le prêter!.. Je vous le donne de grand cœur, et pour toujours!..
NÉRILHA.
Merci...
LE PRINCE.
DEUXIÈME COUPLET.

O fleurs! Son image,
Qui charmez mes yeux!
Vous, léger nuage,
Portez-lui mes vœux!
Dites à cette belle,
Objet de mes amours,
Que je pleure et l'appelle,
Que je l'attends toujours!

SCÈNE X.
LES PRÉCÉDENTS, ABOULFARIS.
ABOULFARIS, *s'adressant au prince.*
Mon prince, la sultane, qui s'inquiète, vous attend pour la cérémonie du baise-main!
NÉRILHA, *à part.*
Oh! Il n'y a pas de temps à perdre. (*S'approchant du prince, qui est plongé dans ses rêveries.*) Mon prince... mon prince!..
LE PRINCE.
Que veut cette femme?
NÉRILHA.
La belle Gulnare se plaignait ce matin de ne pas avoir de bouquet de noces digne d'elle!..

ABOULFARIS.
J'en suis témoin !..
NÉRILHA.
Et je viens vous offrir pour elle, celui-ci !
LE PRINCE.
Qui est magnifique.
ABOULFARIS.
Au fait! Je ne pense pas qu'il en croisse de pareil dans vos jardins!
LE PRINCE.
C'est vrai !.. Tenez, visir, offrez-le de ma part à la princesse... (*Aboulfaris s'incline, et sort par la gauche; le prince, toujours plongé dans ses rêveries, s'apprête à le suivre.*)
CADIGE, *avec effroi, et voyant le visir qui s'éloigne.*
Ah! Mon Dieu! Mon Dieu!..
LE PRINCE, *revenant près d'elle.*
Qu'as-tu donc?..
CADIGE.
Ce que j'ai!.. C'est un bouquet magique, dont la vertu est telle, que ses feuilles d'argent deviennent pourpres, quand celle qui les porte a déjà aimé...
LE PRINCE.
Eh bien ! Est-ce que cela t'effraie pour ma fiancée?..
CADIGE.
Du tout... du tout... (*A part.*) Ma foi ! Tant pis !.. Pourquoi donne-t-elle des soufflets?..
LE PRINCE.
Par malheur pour moi, la sultane peut sans danger, se parer de ces fleurs !..
NÉRILHA, *s'approchant du prince, qui remonte le théâtre pour sortir.*
Pardon, mon prince, mais je n'ai pas entendu faire à Votre Hautesse un cadeau si précieux, pour rien !..
LE PRINCE.
C'est juste !.. Eh bien! Quel prix en demandes-tu ?.. Te faut-il de l'or.. des diamants?..
NÉRILHA.
Bien plus encore !
LE PRINCE ET CADIGE.
Comment?..
NÉRILHA, *à Cadige.*
Laissez-nous !..
CADIGE, *à part, en sortant.*
Tiens! Qu'est-ce qu'elle va donc faire, la petite vieille?..

SCÈNE XI.
NÉRILHA, LE PRINCE.
DUO.
NÉRILHA.
Ah! Monseigneur, à la vieillesse,
On ne saurait rien refuser...
Je voudrais que Votre Hautesse
M'accordât...

LE PRINCE.
Quoi donc ?
NÉRILHA.
Un baiser !
Au temps de la jeunesse,
On comprend la tendresse
Au matin des beaux jours,
Conviennent les amours..,
Et pourtant, pauvre vieille,
Je veux faveur pareille.
Un baiser, Monseigneur !
Un seul, mon doux seigneur...
Ah! Daignez par faveur,
M'accorder cet honneur ?
LE PRINCE.
Au temps de la jeunesse,
On comprend la tendresse ;
Au matin des beaux jours
Conviennent les amours !
Obtenir d'une vieille
Une faveur pareille,
Chacun, sur mon honneur,
Rirait de trop bon cœur.
NÉRILHA.
Ah! Malgré vos refus rigides,
Vous devez... il faut me payer !
LE PRINCE, *riant.*
Quel créancier !
NÉRILHA.
Voyez mes rides,
D'attendre je n'ai pas le temps,
Voyez mes cheveux blancs !
ENSEMBLE.
LE PRINCE.
Au temps de la jeunesse,
On comprend, etc.
NÉRILHA.
Au temps de la jeunesse,
On comprend, etc.
LE PRINCE, *souriant.*
Au fait !
(*S'approchant d'elle.*)
Allons! Quoi qu'il m'en coûte...
NÉRILHA, *regardant autour d'elle.*
On ne le saura pas !
(*Tendant sa joue au prince.*)
O moment désiré!
LE PRINCE, *qui s'est approché d'elle, va l'embrasser, puis s'éloigne tout à coup.*
Non... non... qu'allais-je faire?..
NÉRILHA.
Eh! Qu'est-ce donc ?
LE PRINCE.
Ecoute !..
Il est une beauté dont je suis séparé,
Que j'aime, que je pleure... et je me suis juré
Depuis le seul baiser, qu'hélas! J'ai reçu d'elle,
Que nulle autre de moi n'en recevrait...
NÉRILHA. *avec douleur, à part.*
Eh quoi!

C'est pour me demeurer fidèle,
Qu'il refuse ici d'être à moi!

ENSEMBLE.

NÉRILHA.
Dieu d'amour, viens à mon aide;
Amour, sois mon appui?
A mes vœux, fais qu'il cède?
Et que je sois à lui!
LE PRINCE.
Un amour me possède,
Et je vivrai pour lui!
En vain elle intercède...
Amour, sois mon appui!

SCÈNE XII.

FINAL.

Les Précédents, XAÏLOUN ET CADIGE, *sortant de la mosquée, à gauche, puis* GULNARE, ABOULFARIS, Les Seigneurs de la cour, Le Peuple, *ensuite* ATALMUC.

CADIGE, *à Nérilha.*
Eh bien! Vous ne venez pas à la mosquée?...
Voilà tous les grands de l'Empire qui sortent du baise-main général.
GULNARE, *tenant à la main le bouquet aux feuilles d'argent, et s'adressant à Cadige.*
De ce royal présent, oui, je suis satisfaite.
D'où vous vient-il?
NÉRILHA, *s'avançant.*
De votre humble sujette!
LE PRINCE.
D'elle, je l'acceptai pour vous l'offrir!
GULNARE.
C'est bon!
NÉRILHA, *à la princesse.*
Mais vous ne croiriez pas que le prince refuse
De m'en payer le prix que je veux!
GULNARE, *haussant les épaules.*
Allons donc!
Cela n'est pas! Cette femme m'abuse!
LE PRINCE, *avec impatience.*
Eh! Non!... Mais c'est un prix...
GULNARE, *avec dédain.*
Un prince, marchander!
Et dans un jour de noce, encore! Allons, vous dis-je,
Finissons-en... il lui faut accorder
Tout ce qu'elle voudra...
NÉRILHA, *au prince, avec malice.*
Votre femme l'exige!
LE PRINCE, *riant.*
C'est différent... payons.
(Il s'approche de Nérilha, qu'il embrasse. A l'instant, un coup de tonnerre se fait entendre; Atalmuc accourt du palais, à droite; Xaïloun, *effrayé, sort de la mosquée, à gauche, avec la foule du peuple. Les vieux vêtements et les cheveux blancs de Nérilha disparaissent. On la revoit jeune et fraîche comme elle était au second acte.*)

CHŒUR GÉNÉRAL.
O prodige!
LE PRINCE, *poussant un cri.*
Trésor que je revois, vous m'êtes donc rendu!
Et je tombe à vos pieds, de bonheur éperdu!
ATALMUC, *s'approchant de lui.*
Prince, que faites-vous? L'ordre de votre père!...
LE PRINCE, *prenant la main de Nérilha.*
De celle qui m'est chère,
Rien ne peut plus me séparer!
GULNARE, *qui s'est élancée du groupe de femmes où elle était, s'avance, parée du bouquet blanc, qu'elle vient de mettre à sa ceinture.*
Et la foi qu'aux autels vous deviez me jurer?
LE PRINCE, *regardant le bouquet blanc, qui vient de se changer en fleurs rouges.*
Et celle que de vous j'avais déjà reçue?..
De ces magiques fleurs la blancheur disparue,
Prouve qu'un autre amant a su vous attendrir!
Et ce rival heureux...
XAÏLOUN ET CADIGE.
Etait le grand visir!!!!
ABOULFARIS, *se mettant à genoux.*
C'est fait de moi!.. Le sultan me condamne...
LE PRINCE, *lui montrant Gulnare.*
A devenir l'époux de la sultane!
ABOULFARIS, *se relevant.*
Quelle faveur!
NÉRILHA, *apercevant Atalmuc, qui détourne la tête et essuie une larme.*
Et vous dont j'ai pitié...
Pour guérir tant d'amour...
ATALMUC.
Vaine fut ma science!
Il n'est pas de moyen!..
NÉRILHA.
Il en est un, je pense,
Que notre cœur vous offre!..
ATALMUC.
Et lequel?
NÉRILHA, *lui tendant la main.*
L'amitié!
Magicien, sorcellerie,
Votre art succombe dans ce jour!
Et le pouvoir de la magie,
Ne vaut pas celui de l'amour!

CHŒUR FINAL.

Magicien, sorcellerie, etc... etc...

FIN.

EN VENTE CHEZ LE MÊME ÉDITEUR :

Titre	Prix	Titre	Prix	Titre	Prix	Titre	Prix
L'Aïeule.	75	Deux Filles à Marier.	50	En Carnaval.	50	Le Voyage de Nanette.	50
Un Monstre de Femme.	40	Monseigneur.	60	Bal et Bastringue.	40	Titine à la Cour.	50
La Jeunesse de Charles Quint.	60	A la Belle Étoile.	40	Un Bouillon d'onze heures.	50	Le baron de Castel-Sarrasin.	50
Le Vicomte de Létorières.	50	Un Ange tutélaire.	50	Cour de Biberach.	60	Madame Marneffe.	60
Les Fées de Paris.	50	Un Jour de Liberté.	40	D'Aranda.	50	Un Gendre aux Épinards.	50
Pour mon Fils.	50	Wallace.	40	Partie à Trois.	50	La Reine d'Yvetot.	50
Lucienne.	50	L'Écolier d'Oxford.	40	Une Femme qui se jette par la fenêtre.	60	Les Manchettes d'un Vilain.	60
Les Jolies Filles de Stilberg.	40	L'Oiseau du Bocage.	40	Avocat Pédicure.	50	Le Duel aux Mauviettes.	60
L'Enfant de Chœur.	60	Paris à tous les Diables.	60	Trois Paysans.	50	Les Filles du Docteur.	60
Le Grand Paladin.	50	Une Averse.	60	Chasse aux Jobards.	50	Un Turc pris dans une porte.	60
La Tante mal Gardée.	40	Madame de Cérigny.	60	Mademoiselle Grabutot.	50	Les Grenouilles.	50
Les Circonstances atténuantes.	40	Le Fiacre et le Parapluie.	50	Père d'occasion.	50	Ce qui manque aux Grisettes.	50
La Chasse aux Vautours.	40	Morale en action.	40	Croquignole.	50	La Poésie des Amours et...	50
Les Batignollaises.	40	Liberté Libertas.	40	Henriette et Charlot.	50	Les Viveurs de la Maison-d'Or.	50
Une Femme sous les Scellés.	40	L'Île du Prince Toutou.	50	Le chevalier de Saint-Remy.	50	Un Troupier dans les Confitures.	60
Les Aides de Camp.	50	Mimi Pinson.	40	Malheureux comme un Nègre.	50	Ma Tabatière, ou comment on arrive.	50
Le Mari à l'essai.	40	L'Article 170.	40	Un Vœu de jeune Fille.	50	
Chez un Garçon.	40	Les deux Viveurs.	40	Secours contre l'Incendie.	50	Gracieuse, ou le Père embarrassant.	60
Joket's-Club.	40	Les deux Pierrots.	40	Chapeau Gris.	50	
Mérovée.	40	Seigneur des Broussailles.	50	Sans Dot.	50	E. H.	50
Les deux Couronnes.	50	Un Poisson d'Avril.	50	La Syrène du Luxembourg.	50	Trompe-la-Balle.	50
Au Croissant d'Argent.	50	Deux Tambours.	50	Homme Sanguin.	50	Un Vendredi.	40
Le Château de la Roche-Noire.	40	Constant la Girouette.	50	La Fille obéissante.	50	Le Gibier du Roi.	50
Mon illustre Ami.	40	L'Amour dans tous les Quartiers.	60	O'néa.	50	Breda-Street, ou un Ange déchu.	50
Le premier Chapitre	40	Madame Bugolin.	50	La Croisée de Berthe.	50	
Talma en congé.	40	Petit Poucet.	60	La Fillette à Nicot.	50	Adrienne Lecouvreur.	1
L'Omelette Fantastique.	50	Camoëns.	60	Les Charpentiers.	50	Sans le Vouloir.	50
La Dragonne.	60	Escadron Volant.	50	Mademoiselle Faribole.	50	Les Femmes socialistes.	50
La Sœur de la Reine.	50	Le Lansquenet.	60	Un Cheveu Blond.	50	Le Mobilier de Bamboche.	40
La Vendetta.	50	Une Voix.	50	La Recherche de l'Inconnu.	60	Les Beautés de la Cour.	60
Le Poète.	50	Agnès Bernau.	50	Les Impressions de Ménage.	50	La Famille.	60
La Maîtresse anonyme.	50	Amours de M. Denis.	50	L'Homme aux 160 Millions.	60	L'hurluberlu.	50
Les Informations Conjugales.	50	Porthos.	50	Pierrot Posthume.	50	Un Cheveu.	50
Le Loup dans la Bergerie.	60	La Pêche aux Beaux-Pères.	60	La Déesse.	60	L'Ane à Baptiste ou le Berceau du Socialisme.	60
L'Hôtel de Rambouillet.	50	Révolte des Marmousets.	60	Une Existence déconsolée.	40	
Les deux Impératrices.	60	Le Troisième Mari.	50	Elle... ou la Mort !	50	Les Prodigalités de Bernerette.	50
La Caisse d'Épargne.	40	Un Premier Souper.	50	Didier d'honnête Homme.	50	Les Bourgeois des Métiers.	60
Thomas le Rageur.	50	L'Homme à la Mode.	50	L'Enfant de quelqu'un.	60	La Graine de Mousquetaires.	60
Derrière l'Alcôve.	40	Une Confidence.	50	Les Chroniques bretonnes.		Les Faubourgs de Paris.	50
La Villa Duflot.	50	Le Ménétrier.	60	Haydée ou le Secret.	60	La Montagne qui accouche.	50
Pérolina.	40	L'Almanach des 25,000 Adresses.		L'Art de ne pas donner d'Étrennes.	50	Le Juif-Errant.	50
La Femme à la Mode.						Adrienne de Carotteville.	50
Les égarements d'une Canne et d'un Parapluie.	60	Une Histoire de Voleurs.	50	Le Puff.	50	Un Socialiste en Province.	50
Les deux Ânes.	50	Les Murs ont des Oreilles.	50	La Tireuse de Cartes.	50	Le Marin de la Garde.	50
Foliquet, coiffeur de Dames.	50	L'Enseignement Mutuel.	60	La Nuit de Noël.	50	Une Femme qui a une Jambe de bois.	50
L'Anneau d'Argent.	40	La Charbonnière.	50	Christophe le Cordier.	50	
Recette contre l'Embonpoint.	50	Le Code des Femmes.	50	La Rose de Provins.	50	Mauricette.	60
Don Pascale.	50	On demande des Professeurs.	50	Les Barricades de 1848.	50	Une Semaine à Londres.	60
Mademoiselle Déjazet au Sérail.	60	Le Pot aux Roses.	50	34 Francs! ou si non !...	60	Le Cauchemar de son propriétaire.	60
Tahurive le Cruel.	50	La Grande et les Petites Bourses.	50	La Fille du Matelot.	40	
Hermance.	50	L'Enfant de la Maison.	50	La Femme blasée.	50	Le Marquis de Carabas.	60
Les Canots.	50	Riche d'Amour.	60	Les Filles de la Liberté.	50	La Ligue des Amants.	60
Entre Ciel et Terre.	50	La Comtesse de Moranges.	40	Hercule Belhomme.	50	Les Sept Billets.	60
La Fille de Figaro.	50	L'Amazone.	50	Don Quichotte.	50	Phœbus et Borée.	50
Métier et Quenouille.	50	La Gloire et le Pot-au-Feu.	50	L'Académicien de Pontoise.	50	Passe-temps de Duchesse.	50
Angélique et Médor.	60	Les Pommes de terre malades.	50	Ah ! Enfin !	60	Les Cascades de Saint-Cloud.	50
Loïsa.	50	Le Marchand de Marrons.	60	La Marquise d'Aubray.	60	Loretes et Aristos.	50
Joyeuse en Famille.	50	V'là ce qui vient d'paraître.	60	Le Gentilhomme campagnard.	50	Œil et Nez.	60
L'autre Part du Diable.	50	La Loi salique.	50	Les Peureux.	40	Les Compatriotes.	40
La Chasse aux Belles Filles.	60	Nuage au Ciel.	60	Le Chevalier de Beauvoisin.	50	Un Tigre du Bengal.	60
La Nuit d'Armes.	50	L'Eau et le Feu.	40	Le Gentilhomme de 1847.	50	La Femme à deux Maris.	60
Une Femme compromise.	60	Beaugaillard.	50	La Rue Quincampoix.	50	Le Congrès de la Paix.	50
Patineux.	50	Mardi Gras.	50	L'Ange de ma Tante.	60	Les Représentants en vacances.	60
Madame Roland.	60	Le Retour du Conscrit.	50	La République de Platon.	40	Les Grands Écoliers en vacances.	50
L'Esclave du Camoëns.	50	Le Mari perdu.	50	Le Club Champenois.	60	Un Intérieur comme il y en a tant !	50
Les Réparations.	50	Dieux de l'Olympe.	50	Le Club des Maris.	50	
Mariage du Gamin de Paris.	50	Le Carillon de Saint-Mandé.	50	Oscar XXVIII.	60	Le Moulin Joli.	60
Veille du Mariage.	40	Genevière.	50	Une Chaîne Anglaise.	50	La Rue de l'Homme armé.	60
Paris bloqué.	60	Mademoiselle ma Femme.	60	Un Petit de la Mobile.	60	
Un Ménage Parisien.	1	Mal du Pays.	50	Histoire de rire.	50	
La Bonbonnière.	50	Mort civilement.	50	Les 20 sous de Périnette.	50	
Adrien.	50	Veuve de quinze ans.	60	Le Serpent de la Paroisse.	50	
Pierre le Millionnaire.	60	Garde-Malade.	60	Agénor le Dangereux.	50	
Carlo et Carlin.	60	Fruit défendu.	50	L'Avenir dans le Passé.	50	
Le Moyen le plus sûr.	50	Un Cœur de Grand'Mère.	50	Roger Bontemps.	50	
Le Papillon Jaune et Bleu.	50	Nouvelle Clarisse.	50	L'Été de la Saint-Martin.		
Polka en Province.	50	Place Ventadour.	50	Jeanne la Folle.	60	
Une Séparation.	40	Nicolas Poulet.	50	Un Feu d'Artifice.	50	
Le roi Dagobert.	60	Roch et Luc.	50	O Amitié !... ou les trois Époques.	60	
Frère Galfâtre.	60	La Protégée sans le savoir.	40			
Nicaise à Paris.	40	Une Fille Terrible.	50	La Propriété, c'est le Vol.	60	
Le Troubadour-Omnibus.	50	La Planète à Paris.	60	La Poule aux Œufs d'Or.	60	
Un Mystère.	60	L'Homme qui se cherche.	60	Élevés ensemble.	50	
Le Billet de fairepart.	60	Maître Jean, ou la Comédie à la Cour.	50	L'Hôtellerie de Genève.	50	
Pulcinella.	60	Ne touchez pas à la Reine.	1	A bas la Famille ou les Banquets.	50	
Florina.	60	Une année à Paris.	60	Daniel		
La Sainte-Cécile.	50	Amour et Biberon.	50	Jacques Maugers ou les Contrebandiers du Jura.	50	
Follette.						

LAGNY. — Imprimerie de VIALAT et Cie.

www.ingramcontent.com/pod-product-compliance
Lightning Source LLC
Chambersburg PA
CBHW060614050426
42451CB00012B/2246